Kontaktadresse nach EU-Produktsicherheitsverordnung:
produktsicherheit@fischerverlage.de

Georg Büchner

Lenz

Woyzeck

Fischer Taschenbuch Verlag

2. Auflage

© 2022 S. Fischer Verlag GmbH,
Hedderichstr. 114, 60596 Frankfurt am Main
Druck und Bindung: BoD – Books on Demand GmbH,
Norderstedt, Germany
ISBN 978-3-596-90172-2

Unsere Adresse im Internet:
www.fischerverlage.de
www.fischer-klassik.de

Inhalt

Lenz
7

Woyzeck. Entstehungsstufen
35

Erste Fassung. Szenengruppe 1
37

Erste Fassung. Szenengruppe 2
49

Verstreute Bruchstücke
61

Vorläufige Reinschrift
63

Woyzeck. Lesefassung
79

Editorische Notiz
109

Daten zu Leben und Werk
111

Aus Kindlers Literatur Lexikon:

Georg Büchner,
›Lenz‹
115

Georg Büchner,
›Woyzeck‹
119

Lenz

Den 20. ⟨Januar⟩ ging Lenz durch's Gebirg. Die Gipfel und hohen Bergflächen im Schnee, die Thäler hinunter graues Gestein, grüne Flächen, Felsen und Tannen. Es war naßkalt, das Wasser rieselte die Felsen hinunter und sprang über den Weg. Die Äste der Tannen hingen schwer herab in die feuchte Luft. Am Himmel zogen graue Wolken, aber Alles so dicht, und dann dampfte der Nebel herauf und strich schwer und feucht durch das Gesträuch, so träg, so plump. Er ging gleichgültig weiter, es lag ihm nichts am Weg, bald auf- bald abwärts. Müdigkeit spürte er keine, nur war es ihm manchmal unangenehm, daß er nicht auf dem Kopf gehn konnte. Anfangs drängte es ihm in der Brust, wenn das Gestein so wegsprang, der graue Wald sich unter ihm schüttelte, und der Nebel die Formen bald verschlang, bald die gewaltigen Glieder halb enthüllte; es drängte in ihm, er suchte nach etwas, wie nach verlornen Träumen, aber er fand nichts. Es war ihm alles so klein, so nahe, so naß, er hätte die Erde hinter den Ofen setzen mögen, er begriff nicht, daß er so viel Zeit brauchte, um einen Abhang hinunter zu klimmen, einen fernen Punkt zu erreichen; er meinte, er müsse Alles mit ein Paar Schritten ausmessen können. Nur manchmal, wenn der Sturm das Gewölk in die Thäler warf, und es den Wald herauf dampfte, und die Stimmen an den Felsen wach wurden, bald wie fern verhallende Donner, und dann gewaltig heran brausten, in Tönen, als wollten sie in ihrem wilden Jubel die Erde besingen, und die Wolken wie wilde wiehernde Rosse heransprengten, und der Sonnenschein dazwischen durchging und kam und sein blitzendes Schwert an den Schneeflächen zog, so daß ein helles, blendendes Licht über die Gipfel in die Thäler schnitt; oder wenn der Sturm das Gewölk abwärts trieb und einen lichtblauen See hineinriß, und dann der Wind verhallte und tief unten aus den Schluchten, aus den Wipfeln der Tannen wie ein Wiegenlied und Glockengeläute heraufsummte, und am tiefen Blau ein leises Rot hinaufklomm, und kleine Wölkchen auf silbernen Flügeln durchzogen und alle Berggipfel scharf und fest, weit über das Land hin glänzten und blitzten, riß es ihm in der Brust, er stand, keuchend, den Leib vorwärts gebogen, Augen und Mund weit offen, er meinte, er müsse den Sturm in sich ziehen, Alles in sich fassen, er dehnte sich aus und lag über der Erde, er wühlte sich in das All hinein, es war eine Lust, die ihm wehe that; oder er stand still und legte das Haupt in's Moos und schloß die Augen halb, und dann zog es weit von ihm, die Erde wich unter ihm, sie wurde klein wie ein wandelnder Stern und tauchte sich in einen brausenden Strom, der seine klare Fluth unter ihm zog. Aber es waren nur Augenblicke, und dann erhob er sich nüchtern, fest, ruhig als wäre ein Schattenspiel vor ihm vorübergezogen, er wußte von nichts mehr. Gegen Abend kam er auf die Höhe des Gebirgs, auf das Schneefeld, von wo man wieder hinabstieg in die Ebene nach Westen, er setzte sich oben nieder. Es war gegen Abend ruhiger geworden; das Gewölk lag fest und unbeweglich am Himmel, so weit der Blick reichte, nichts als Gipfel, von denen sich breite Flächen hinabzogen, und alles so still, grau, dämmernd; es wurde ihm entsetzlich einsam, er war allein, ganz allein, er wollte mit sich sprechen, aber er konnte nicht, er wagte kaum zu athmen, das Biegen seines Fußes tönte wie Donner unter ihm, er mußte sich niedersetzen; es faßte ihn eine namenlose Angst in diesem Nichts, er war im Leeren, er riß sich auf und flog den Abhang hinunter. Es war finster geworden, Himmel und Erde verschmolzen in Eins. Es war als ginge ihm was nach, und als müsse ihn was Entsetzliches erreichen, etwas das Menschen nicht ertragen können, als jage der Wahnsinn auf Rossen hinter ihm. Endlich hörte er Stimmen, er sah Lichter, es wurde ihm leichter, man sagte ihm, er hätte noch eine halbe Stunde nach *Waldbach*. Er ging durch das Dorf, die Lichter schienen durch die Fenster, er sah hinein im Vorbeigehen, Kinder am Tische, alte Weiber, Mädchen, Alles ruhige, stille Gesichter, es war ihm als müsse das Licht von ihnen ausstrahlen, es ward ihm leicht, er war bald in Waldbach im Pfarrhause. Man saß am Tische, er hinein; die blonden Locken hingen ihm um das bleiche Gesicht, es zuckte ihm in den Augen und um den Mund, seine Kleider waren zerrissen. *Oberlin* hieß ihn willkommen, er hielt ihn für einen Handwerker. »Seyn Sie mir willkommen, obschon Sie mir unbekannt.« – »Ich bin ein Freund von ⟨Kaufmann⟩ und bringe Ihnen Grüße von ihm.« – »Der Name, wenn's beliebt?« – »*Lenz*.« – »Ha, ha, ha, ist Er nicht gedruckt? Habe ich nicht einige Dramen gelesen, die einem Herrn dieses Namens zugeschrieben werden?« – »Ja, aber belieben Sie mich nicht darnach zu beurtheilen.« Man sprach weiter, er suchte nach Worten und erzählte rasch, aber auf der Folter; nach und nach wurde er ruhig, das heimliche Zimmer und die stillen Gesichter, die aus dem Schatten hervortraten, das helle Kindergesicht, auf dem alles Licht zu ruhen schien und das neugierig, vertraulich aufschaute, bis zur Mutter, die hinten im Schatten engelgleich stille saß. Er fing an zu erzählen, von seiner Heimath; er zeichnete allerhand Trachten, man drängte sich theilnehmend um ihn, er war gleich zu Haus, sein blasses Kindergesicht, das jetzt lächelte, sein lebendiges Erzählen; er wurde ruhig, es war ihm als träten alte Gestalten, vergessene Gesichter wieder aus dem Dunkeln, alte Lieder wachten auf, er war weg, weit weg. Endlich war es Zeit zum Gehen, man führte ihn über die Straße, das Pfarrhaus war zu eng, man gab ihm ein Zimmer im Schulhause. Er ging hinauf, es war kalt oben, eine weite Stube, leer, ein hohes Bett im Hintergrund, er stellte das Licht auf den Tisch, und ging auf und ab, er besann sich wieder auf den Tag, wie er hergekommen, wo er war, das Zimmer im Pfarrhause mit seinen Lichtern und lieben Gesichtern, es war ihm wie ein Schatten, ein Traum, und es wurde ihm leer, wieder wie auf dem Berg, aber er konnte es mit nichts mehr ausfüllen, das Licht war erloschen, die Finsterniß verschlang Alles; eine unnennbare Angst erfaßte ihn, er sprang auf, er lief durchs Zimmer, die Treppe hinunter, vor's Haus; aber umsonst, Alles finster, nichts, er war sich selbst ein Traum, einzelne Gedanken huschten auf, er hielt sie fest, es war ihm als müsse er immer »Vater unser« sagen; er konnte sich nicht mehr finden, ein dunkler Instinkt trieb ihn, sich zu retten, er stieß an die Steine, er riß sich mit den Nägeln, der Schmerz fing an, ihm das Bewußtsein wiederzugeben, er stürzte sich in den Brunnstein, aber das Wasser war nicht tief, er patschte darin. Da kamen Leute, man hatte es gehört, man rief ihm zu. Oberlin kam gelaufen; Lenz war wieder zu sich gekommen, das ganze Bewußtsein seiner Lage stand vor ihm, es war ihm wieder leicht, jetzt schämte er sich und war betrübt, daß er den guten Leuten Angst gemacht, er sagte ihnen, daß er gewohnt sey kalt zu baden, und ging wieder hinauf; die Erschöpfung ließ ihn endlich ruhen.

Den andern Tag ging es gut. Mit Oberlin zu Pferde durch das Thal; breite Bergflächen, die aus großer Höhe sich in ein schmales, gewundnes Thal zusammenzogen, das in mannichfachen Richtungen sich hoch an den Bergen hinaufzog, große Felsenmassen, die sich nach unten ausbreiteten, wenig Wald, aber alles im grauen ernsten Anflug, eine Aussicht nach Westen in das Land hinein und auf die Bergkette, die sich grad hinunter nach Süden und Norden zog, und deren Gipfel gewaltig, ernsthaft oder schweigend still, wie ein dämmernder Traum standen. Gewaltige Lichtmassen, die manchmal aus den Thälern, wie ein goldner Strom schwollen, dann wieder Gewölk, das an dem höchsten Gipfel lag, und dann langsam den Wald herab in das Thal klomm, oder in den Sonnenblitzen sich wie ein fliegendes silbernes Gespinnst herabsenkte und hob; kein Lärm, keine Bewegung, kein Vogel, nichts als das bald nahe, bald ferne Wehn des Windes. Auch erschienen Punkte, Gerippe von Hütten, Bretter mit Stroh gedeckt, von schwarzer ernster Farbe. Die Leute, schweigend und ernst, als wagten sie die Ruhe ihres Thales nicht zu stören, grüßten ruhig, wie sie vorbeiritten. In den Hütten war es lebendig, man drängte sich um Oberlin, er wies zurecht, gab Rath, tröstete; überall zutrauensvolle Blicke, Gebet. Die Leute erzählten Träume, Ahnungen. Dann rasch in's praktische Leben, Wege angelegt, Kanäle gegraben, die Schule besucht. Oberlin war unermüdlich, Lenz fortwährend sein Begleiter, bald in Gespräch, bald thätig am Geschäft, bald in die Natur versunken. Es wirkte alles wohlthätig und beruhigend auf ihn, er mußte Oberlin oft in die Augen sehen, und die mächtige Ruhe, die uns über der ruhenden Natur, im tiefen Wald, in mondhellen schmelzenden Sommernächten überfällt, schien ihm noch näher, in diesem ruhigen Auge, diesem ehrwürdigen ernsten Gesicht. Er war schüchtern, aber er machte Bemerkungen, er sprach, Oberlin war sein Gespräch sehr angenehm, und das anmuthige Kindergesicht Lenzens machte ihm große Freude. Aber nur so lange das Licht im Thale lag, war es ihm erträglich; gegen Abend befiel ihn eine sonderbare Angst, er hätte der Sonne nachlaufen mögen; wie die Gegenstände nach und nach schattiger wurden, kam ihm Alles so traumartig, so zuwider vor, es kam ihm die Angst an wie Kindern, die im Dunkeln schlafen; es war ihm als sey er blind; jetzt wuchs sie, der Alp des Wahnsinns setzte sich zu seinen Füßen, der rettungslose Gedanke, als sey Alles nur sein Traum, öffnete sich vor ihm, er klammerte sich an alle Gegenstände, Gestalten zogen rasch an ihm vorbei, er drängte sich an sie, es waren Schatten, das Leben wich aus ihm und seine Glieder waren ganz starr. Er sprach, er sang, er recitirte Stellen aus Shakespeare, er griff nach Allem, was sein Blut sonst hatte rascher fließen machen, er versuchte Alles, aber kalt, kalt. Er mußte dann hinaus ins Freie, das wenige, durch die Nacht zerstreute Licht, wenn seine Augen an die Dunkelheit gewöhnt waren, machte ihm besser, er stürzte sich in den Brunnen, die grelle Wirkung des Wassers machte ihm besser, auch hatte er eine geheime Hoffnung auf eine Krankheit, er verrichtete sein ⟨Baden⟩ jetzt mit weniger Geräusch. Doch jemehr er sich in das Leben hineinlebte, ward er ruhiger, er unterstützte Oberlin, zeichnete, las die Bibel; alte vergangne Hoffnungen gingen in ihm auf; das neue Testament trat ihm hier so entgegen, und ⟨unleserlich⟩ Wie Oberlin ihm erzählte, wie ihn eine unsichtbare Hand auf der Brücke gehalten hätte, wie auf der Höhe ein Glanz seine Augen geblendet hätte, wie er eine Stimme gehört hätte, wie es in der Nacht mit ihm gesprochen, und wie Gott so ganz bei ihm eingekehrt, daß er kindlich seine Loose aus der Tasche holte, um zu wissen, was er thun sollte, – dieser Glaube, dieser ewige Himmel im Leben, dies Seyn in Gott; jetzt erst ging ihm die heilige Schrift auf. Wie den Leuten die

Natur so nah trat, alles in himmlischen Mysterien; aber nicht gewaltsam majestätisch, sondern noch vertraut! – Eines Morgens ging er hinaus, die Nacht war Schnee gefallen, im Thal lag heller Sonnenschein, aber weiterhin die Landschaft halb im Nebel. Er kam bald vom Weg ab, und eine sanfte Höhe hinauf, keine Spur von Fußtritten mehr, neben einem Tannenwald hin, die Sonne schnitt Krystalle, der Schnee war leicht und flokkig, hie und da Spur von Wild leicht auf dem Schnee, die sich ins Gebirg hinzog. Keine Regung in der Luft als ein leises Wehen, als das Rauschen eines Vogels, der die Flocken leicht vom Schwanze stäubte. Alles so still, und die Bäume weithin mit schwankenden weißen Federn in der tiefblauen Luft. Es wurde ihm heimlich nach und nach, die einförmigen gewaltigen Flächen und Linien, vor denen es ihm manchmal war, als ob sie ihn mit gewaltigen Tönen anredeten, waren verhüllt, ein heimliches Weihnachtsgefühl beschlich ihn, er meinte manchmal seine Mutter müsse hinter einem Baume hervortreten, groß, und ihm sagen, sie hätte ihm dies Alles bescheert; wie er hinunterging, sah er, daß um seinen Schatten sich ein Regenbogen von Strahlen legte, es wurde ihm, als hätte ihn was an der Stirn berührt, das Wesen sprach ihn an. Er kam hinunter. Oberlin war im Zimmer, Lenz kam heiter auf ihn zu, und sagte ihm, er möge wohl einmal predigen. – »Sind Sie Theologe?« – »Ja!« – »Gut, nächsten Sonntag.«

Lenz ging vergnügt auf sein Zimmer, er dachte auf einen Text zum Predigen und verfiel in Sinnen, und seine Nächte wurden ruhig. Der Sonntagmorgen kam, es war Thauwetter eingefallen. Vorüberstreifende Wolken, Blau dazwischen, die Kirche lag neben am Berg hinauf, auf einem Vorsprung, der Kirchhof drum herum. Lenz stand oben, wie die Glocke läutete und die Kirchengänger, die Weiber und Mädchen in ihrer ernsten schwarzen Tracht, das weiße gefaltete Schnupftuch auf dem Gesangbuche und den Rosmarinzweig von den verschiedenen Seiten die schmalen Pfade zwischen den Felsen herauf und herab kamen. Ein Sonnenblick lag manchmal über dem Thal, die laue Luft regte sich langsam, die Landschaft schwamm im Duft, fernes Geläute, es war als löste sich alles in eine harmonische Welle auf.

Auf dem kleinen Kirchhof war der Schnee weg, dunkles Moos unter den schwarzen Kreuzen, ein verspäteter Rosenstrauch lehnte an der Kirchhofmauer, verspätete Blumen dazu unter dem Moos hervor, manchmal Sonne, dann wieder dunkel. Die Kirche fing an, die Menschenstimmen begegneten sich im reinen hellen Klang; ein Eindruck, als schaue man in reines durchsichtiges Bergwasser. Der Gesang verhallte, Lenz sprach, er war schüchtern, unter den Tönen hatte sein Starrkrampf sich ganz gelegt, sein ganzer Schmerz wachte jetzt auf, und legte sich in sein Herz. Ein süßes Gefühl unendlichen Wohls beschlich ihn. Er sprach einfach mit den Leuten, sie litten alle mit ihm, und es war ihm ein Trost, wenn er über einige müdgeweinte Augen Schlaf, und gequälten Herzen Ruhe bringen, wenn er über dieses von materiellen Bedürfnißen gequälte Seyn, diese dumpfen Leiden gen Himmel leiten konnte. Er war fester geworden, wie er schloß, da fingen die Stimmen wieder an:

> Laß in mir die heil'gen Schmerzen,
> Tiefe Bronnen ganz aufbrechen;
> Leiden sey all mein Gewinnst,
> Leiden sey mein Gottesdienst.

Das Drängen in ihm, die Musik, der Schmerz, erschütterte ihn. Das All war für ihn in Wunden; er fühlte tiefen unnennbaren Schmerz davon. Jetzt, ein anderes Seyn, göttliche, zuckende Lippen bückten sich über ihm nieder, und sogen sich an seine Lippen; er ging auf sein einsames Zimmer. Er war allein, allein! Da rauschte die Quelle, Ströme brachen aus seinen Augen, er krümmte sich in sich, es zuckten seine Glieder, es war ihm als müsse er sich auflösen, er konnte kein Ende finden der Wollust; endlich dämmerte es in ihm, er empfand ein leises tiefes Mitleid mit sich selbst, er weinte über sich, sein Haupt sank auf die Brust, er schlief ein, der Vollmond stand am Himmel, die Lokken fielen ihm über die Schläfe und das Gesicht, die Thränen hingen ihm an den Wimpern und trockneten auf den Wangen, so lag er nun da allein, und Alles war ruhig und still und kalt, und der Mond schien die ganze Nacht und stand über den Bergen.

Am folgenden Morgen kam er herunter, er erzählte Oberlin ganz ruhig, wie ihm die Nacht seine Mutter erschienen sey; sie sey in einem weißen Kleide aus der dunkeln Kirchhofmauer hervorgetreten, und habe eine weiße und eine rothe Rose an der Brust stecken gehabt; sie sey dann in eine Ecke gesunken, und die Rosen seyen langsam über sie gewachsen, sie sey gewiß todt; er sey ganz ruhig darüber. Oberlin versetzte ihm nun, wie er bei dem Tod seines Vaters allein auf dem Felde gewesen sey, und er dann eine Stimme gehört habe, so daß er wußte, daß sein Vater todt sey, und wie er heimgekommen, sey es so gewesen. Das führte sie weiter, Oberlin sprach noch von den Leuten im Gebirge, von Mädchen, die das Wasser und Metall unter der Erde fühlten, von Männern, die auf manchen Berghöhen angefaßt würden und mit einem Geiste rängen; er sagte ihm auch, wie er einmal im Gebirg durch das Schauen in ein leeres tiefes Bergwasser in eine Art von Somnambulismus versetzt worden sey. Lenz sagte, daß der Geist des Wassers über ihn gekommen sey, daß er dann etwas von seinem eigenthümlichen Seyn empfunden hätte. Er fuhr weiter fort: Die einfachste, reinste Natur hinge am nächsten mit der elementarischen zusammen, je feiner der Mensch geistig fühlt und lebt, um so abgestumpfter würde dieser elementarische Sinn; er halte ihn nicht für einen hohen Zustand, er sey nicht selbstständig genug, aber er meine, es müsse ein unendliches Wonnegefühl seyn, so von dem eigenthümlichen Leben jeder Form berührt zu werden; für Gesteine, Metalle, Wasser und Pflanzen eine Seele zu haben; so traumartig jedes Wesen in der Natur in sich aufzunehmen, wie die Blumen mit dem Zu- und Abnehmen des Mondes die Luft.

Er sprach sich selbst weiter aus, wie in Allem eine unaussprechliche Harmonie, ein Ton, eine Seeligkeit sey, die in den höhern Formen mit mehr Organen aus sich herausgriffe, tönte, auffaßte und dafür aber auch um so tiefer afficirt würde, wie in den niedrigen Formen Alles zurückgedrängter, beschränkter, dafür aber auch die Ruhe in sich größer sey. Er verfolgte das noch weiter. Oberlin brach es ab, es führte ihn zu weit von seiner einfachen Art ab. Ein andermal zeigte ihm Oberlin Farbentäfelchen, er setzte ihm auseinander, in welcher Beziehung jede Farbe mit dem Menschen stände, er brachte zwölf Apostel heraus, deren jeder durch eine Farbe repräsentirt würde. Lenz faßte das auf, er spann die Sache weiter, kam in ängstliche Träume, und fing an wie Stilling die Apocalypse zu lesen, und las viel in der Bibel.

Um diese Zeit kam *Kaufmann* mit seiner Braut in's Steinthal. Lenzen war Anfangs das Zusammentreffen unangenehm, er hatte sich so ein Plätzchen zurechtgemacht, das bischen Ruhe war ihm so kostbar und jetzt kam ihm Jemand entgegen, der ihn an so vieles erinnerte, mit dem er sprechen, reden mußte, der seine Verhältnisse kannte. Oberlin wußte von Allem nichts; er hatte ihn aufgenommen, gepflegt; er sah es als eine Schickung Gottes, der den Unglücklichen ihm zugesandt hätte, er liebte ihn herzlich. Auch war es Allen nothwendig, daß er da war, er gehörte zu ihnen, als wäre er schon längst da, und Niemand frug, woher er gekommen und wohin er gehen werde. Über Tisch war Lenz wieder in guter Stimmung, man sprach von Literatur, er war auf seinem Gebiete; die idealistische Periode fing damals an, Kaufmann war ein Anhänger davon, Lenz widersprach heftig. Er sagte: Die Dichter, von denen man sage, sie geben die Wirklichkeit, hätten auch keine Ahnung davon, doch seyen sie immer noch erträglicher, als die, welche die Wirklichkeit verklären wollten. Er sagte: Der liebe Gott hat die Welt wohl gemacht wie sie seyn soll, und wir können wohl nicht was Besseres klecksen, unser einziges Bestreben soll seyn, ihm ein wenig nachzuschaffen. Ich verlange in Allem – Leben, Möglichkeit des Daseins, und dann ist's gut; wir haben dann nicht zu fragen, ob es schön, ob es häßlich ist, das Gefühl, daß Was geschaffen sey, Leben habe, stehe über diesen Beiden, und sey das einzige Kriterium in

Kunstsachen. Übrigens begegne es uns nur selten, in Shakespeare finden wir es und in den Volksliedern tönt es einem ganz, in Göthe manchmal entgegen. Alles Übrige kann man ins Feuer werfen. Die Leute können auch keinen Hundsstall zeichnen. Da wolle man idealistische Gestalten, aber Alles, was ich davon gesehen, sind Holzpuppen. Dieser Idealismus ist die schmählichste Verachtung der menschlichen Natur. Man versuche es einmal und senke sich in das Leben des Geringsten und gebe es wieder, in den Zuckungen, den Andeutungen, dem ganzen feinen, kaum bemerkten Mienenspiel; er hätte dergleichen versucht im »Hofmeister« und den »Soldaten«. Es sind die prosaischsten Menschen unter der Sonne; aber die Gefühlsader ist in fast allen Menschen gleich, nur ist die Hülle mehr oder weniger dicht, durch die sie brechen muß. Man muß nur Aug und Ohren dafür haben. Wie ich gestern neben am Thal hinaufging, sah ich auf einem Steine zwei Mädchen sitzen, die eine band ihre Haare auf, die andre half ihr; und das goldne Haar hing herab, und ein ernstes bleiches Gesicht, und doch so jung, und die schwarze Tracht und die andre so sorgsam bemüht. Die schönsten, innigsten Bilder der altdeutschen Schule geben kaum eine Ahnung davon. Man möchte manchmal ein Medusenhaupt seyn, um so eine Gruppe in Stein verwandeln zu können, und den Leuten zurufen. Sie standen auf, die schöne Gruppe war zerstört; aber wie sie so hinabstiegen, zwischen den Felsen war es wieder ein anderes Bild. Die schönsten Bilder, die schwellendsten Töne, gruppiren, lösen sich auf. Nur eins bleibt: eine unendliche Schönheit, die aus einer Form in die andre tritt, ewig aufgeblättert, verändert, man kann sie aber freilich nicht immer festhalten und in Museen stellen und auf Noten ziehen und dann Alt und Jung herbeirufen, und die Buben und Alten darüber radotiren und sich entzücken lassen. Man muß die Menschheit lieben, um in das eigenthümliche Wesen jedes einzudringen, es darf einem keiner zu gering, keiner zu häßlich seyn, erst dann kann man sie verstehen; das unbedeutendste Gesicht macht einen tiefern Eindruck als die bloße Empfindung des Schönen, und man kann die Gestalten aus sich heraustreten lassen, ohne etwas vom Äußern hinein zu kopiren, wo einem kein Leben, keine Muskeln, kein Puls entgegen schwillt und pocht. Kaufmann warf ihm vor, daß er in der Wirklichkeit doch keine Typen für einen Apoll von Belvedere oder eine Raphaelische Madonna finden würde. Was liegt daran, versetzte er, ich muß gestehen, ich fühle mich dabei sehr todt. Wenn ich in mir arbeite, kann ich auch wohl was dabei fühlen, aber ich thue das Beste daran. Der Dichter und Bildende ist mir der Liebste, der mir die Natur am Wirklichsten giebt, so daß ich über seinem Gebild fühle, Alles Übrige stört mich. Die Holländischen Maler sind mir lieber, als die Italiänischen, sie sind auch die einzigen faßlichen; ich kenne nur zwei Bilder, und zwar von Niederländern, die mir einen Eindruck gemacht hätten, wie das neue Testament; das Eine ist, ich weiß nicht von wem, Christus und die Jünger von Emaus. Wenn man so liest, wie die Jünger hinausgingen, es liegt gleich die ganze Natur in den Paar Worten. Es ist ein trüber, dämmernder Abend, ein einförmiger rother Streifen am Horizont, halbfinster auf der Straße, da kommt ein Unbekannter zu ihnen, sie sprechen, er bricht das Brod, da erkennen sie ihn, in einfach-menschlicher Art, und die göttlichleidenden Züge reden ihnen deutlich, und sie erschrecken, denn es ist finster geworden, und es tritt sie etwas Unbegreifliches an, aber es ist kein gespenstisches Grauen; es ist wie wenn einem ein geliebter Todter in der Dämmerung in der alten Art entgegenträte, so ist das Bild, mit dem einförmigen, bräunlichen Ton darüber, dem trüben stillen Abend. Dann ein anderes. Eine Frau sitzt in ihrer Kammer, das Gebetbuch in der Hand. Es ist sonntäglich aufgeputzt, der Sand gestreut, so heimlich rein und warm. Die Frau hat nicht zur Kirche gekonnt, und sie verrichtet die Andacht zu Haus, das Fenster ist offen, sie sitzt danach hingewandt, und es ist als schwebten zu dem Fenster über die weite ebne Landschaft die Glockentöne von dem Dorfe herein und verhallet der Sang der nahen Gemeinde aus der Kirche her, und die Frau liest den Text nach. – In der Art sprach er weiter, man horchte auf, es traf Vieles, er war roth geworden über dem Reden, und bald lächelnd, bald ernst, schüttelte er die blonden Locken. Er hatte sich ganz vergessen. Nach dem Essen nahm ihn Kaufmann bei Seite. Er hatte Briefe von Lenzens Vater erhalten, sein Sohn sollte zurück, ihn unterstützen. Kaufmann sagte ihm, wie er sein Leben hier verschleudre, unnütz verliere, er solle sich ein Ziel stecken und dergleichen mehr. Lenz fuhr ihn an: »Hier weg, weg! nach Haus? Toll werden dort? Du weißt, ich kann es nirgends aushalten, als da herum, in der Gegend; wenn ich nicht manchmal auf einen Berg könnte und die Gegend sehen könnte, und dann wieder herunter in's Haus, durch den Garten gehn, und zum Fenster hineinsehen, – ich würde toll! toll! Laßt mich doch in Ruhe! Nur ein bischen Ruhe, jetzt wo es mir ein wenig wohl wird! Hier weg? Ich verstehe das nicht, mit den zwei Worten ist die Welt verhunzt. Jeder hat was nöthig; wenn er ruhen kann, was könnt' er mehr haben! Immer steigen, ringen und so in Ewigkeit Alles was der Augenblick giebt, wegwerfen und immer darben, um einmal zu genießen; dürsten, während einem helle Quellen über den Weg springen. Es ist mir jetzt erträglich, und da will ich bleiben; warum? warum? Eben weil es mir wohl ist; was will mein Vater? Kann er mehr geben? Unmöglich! Laßt mich in Ruhe.« Er wurde heftig, Kaufmann ging, Lenz war verstimmt.

Am folgenden Tag wollte Kaufmann weg, er beredete Oberlin mit ihm in die Schweiz zu gehen. Der Wunsch, Lavater, den er längst durch Briefe kannte, auch persönlich kennen zu lernen, bestimmte ihn. Er sagte es zu. Man mußte einen Tag länger wegen der Zurüstungen warten. Lenz fiel das auf's Herz, er hatte, um seiner unendlichen Qual los zu werden, sich ängstlich an Alles geklammert; er fühlte in einzelnen Augenblicken tief, wie er sich Alles nur zurecht mache; er ging mit sich um wie mit einem kranken Kinde, manche Gedanken, mächtige Gefühle wurde er nur mit der größten Angst los, da trieb es ihn wieder mit unendlicher Gewalt darauf, er zitterte, das Haar sträubte ihm fast, bis er es in der ungeheuersten Anspannung erschöpfte. Er rettete sich in eine Gestalt, die ihm immer vor Augen schwebte, und in

Oberlin; seine Worte, sein Gesicht thaten ihm unendlich wohl. So sah er mit Angst seiner Abreise entgegen.

Es war Lenzen unheimlich, jetzt allein im Hause zu bleiben. Das Wetter war milde geworden, er beschloß Oberlin zu begleiten, in's Gebirg. Auf der andern Seite, wo die Thäler sich in die Ebne ausliefen, trennten sie sich. Er ging allein zurück. Er durchstrich das Gebirg in verschiedenen Richtungen, breite Flächen zogen sich in die Thäler herab, wenig Wald, nichts als gewaltige Linien und weiter hinaus die weite rauchende Ebne, in der Luft ein gewaltiges Wehen, nirgends eine Spur von Menschen, als hie und da eine verlassene Hütte, wo die Hirten den Sommer zubrachten, an den Abhängen gelehnt. Er wurde still, vielleicht fast träumend, es verschmolz ihm Alles in eine Linie, wie eine steigende und sinkende Welle, zwischen Himmel und Erde, es war ihm als läge er an einem unendlichen Meer, das leise auf- und abwogte. Manchmal saß er, dann ging er wieder, aber langsam träumend. Er suchte keinen Weg. Es war finster Abend, als er an eine bewohnte Hütte kam, im Abhang nach dem Steinthal. Die Thüre war verschlossen, er ging an's Fenster, durch das ein Lichtschimmer fiel. Eine Lampe erhellte fast nur einen Punkt, ihr Licht fiel auf das bleiche Gesicht eines Mädchens, das mit halb geöffneten Augen, leise die Lippen bewegend, dahinter ruhte. Weiter weg im Dunkel saß ein altes Weib, das mit schnarrender Stimme aus einem Gesangbuch sang. Nach langem Klopfen öffnete sie; sie war halb taub, sie trug Lenz einiges Essen auf und wies ihm eine Schlafstelle an, wobei sie beständig ihr Lied fortsang. Das Mädchen hatte sich nicht gerührt. Einige Zeit darauf kam ein Mann herein, er war lang und hager, Spuren von grauen Haaren, mit unruhigem verwirrtem Gesicht. Er trat zum Mädchen, sie zuckte auf und wurde unruhig. Er nahm ein getrocknetes Kraut von der Wand, und legte ihr die Blätter auf die Hand, so daß sie ruhiger wurde und verständliche Worte in langsam ziehenden, durchschneidenden Tönen summte. Er erzählte, wie er eine Stimme im Gebirge gehört, und dann über den Thälern ein Wetterleuchten gesehen habe, auch habe es ihn angefaßt und er habe damit gerungen wie Jakob. Er warf sich nieder und betete leise mit Inbrunst, während die Kranke in einem langsam ziehenden, leise verhallenden Ton sang. Dann gab er sich zur Ruhe.

Lenz schlummerte träumend ein, und dann hörte er im Schlaf, wie die Uhr pickte. Durch das leise Singen des Mädchens und die Stimme der Alten zugleich tönte das Sausen des Windes bald näher, bald ferner, und der bald helle, bald verhüllte Mond warf sein wechselndes Licht traumartig in die Stube. Einmal wurden die Töne lauter, das Mädchen redete deutlich und bestimmt, sie sagte, wie auf der Klippe gegenüber eine Kirche stehe. Lenz sah auf und sie saß mit weitgeöffneten Augen aufrecht hinter dem Tisch, und der Mond warf sein stilles Licht auf ihre Züge, von denen ein unheimlicher Glanz zu strahlen schien, zugleich schnarrte die Alte und über diesem Wechseln und Sinken des Lichts, den Tönen und Stimmen schlief endlich Lenz tief ein.

Er erwachte früh, in der dämmernden Stube schlief Alles, auch das Mädchen war ruhig geworden, sie lag zurückgelehnt, die Hände gefaltet unter der linken Wange; das Geisterhafte aus ihren Zügen war verschwunden, sie hatte jetzt einen Ausdruck unbeschreiblichen Leidens. Er trat an's Fenster und öffnete es, die kalte Morgenluft schlug ihm entgegen. Das Haus lag am Ende eines schmalen, tiefen Thales, das sich nach Osten öffnete, rothe Strahlen schossen durch den grauen Morgenhimmel in das dämmernde Thal, das im weißen Rauch lag, und funkelten am grauen Gestein und trafen in die Fenster der Hütten. Der Mann erwachte, seine Augen trafen auf ein erleuchtet Bild an der Wand, sie richteten sich fest und starr darauf, nun fing er an die Lippen zu bewegen und betete leise, dann laut und immer lauter. Indem kamen Leute zur Hütte herein, sie warfen sich schweigend nieder. Das Mädchen lag in Zuckungen, die Alte schnarrte ihr Lied und plauderte mit den Nachbarn. Die Leute erzählten Lenzen, der Mann sey vor langer Zeit in die Gegend gekommen, man wisse nicht woher; er stehe im Rufe eines Heiligen, er sehe das Wasser unter der Erde und könne Geister beschwören, und man wallfahre zu ihm. Lenz erfuhr zugleich, daß er weiter vom Steinthal abgekommen, er ging weg mit einigen Holzhauern, die in die Gegend gingen. Es that ihm wohl, Gesellschaft zu finden; es war ihm jetzt unheimlich mit dem gewaltigen Menschen, von dem es ihm manchmal war, als rede er in entsetzlichen Tönen. Auch fürchtete er sich vor sich selbst in der Einsamkeit.

Er kam heim. Doch hatte die verflossene Nacht einen gewaltigen Eindruck auf ihn gemacht. Die Welt war ihm helle gewesen, und er spürte an sich ein Regen und Wimmeln nach einem Abgrund, zu dem ihn eine unerbittliche Gewalt hinriß. Er wühlte jetzt in sich. Er aß wenig; halbe Nächte im Gebet und fieberhaften Träumen. Ein gewaltsames Drängen, und dann erschöpft zurückgeschlagen; er lag in den heißesten Thränen, und dann bekam er plötzlich eine Stärke, und erhob sich kalt und gleichgültig, seine Thränen waren ihm dann wie Eis, er mußte lachen. Je höher er sich aufriß, desto tiefer stürzte er hinunter. Alles strömte wieder zusammen. Ahnungen von seinem alten Zustande durchzuckten ihn, und warfen Streiflichter in das wüste Chaos seines Geistes. Des Tags saß er gewöhnlich unten im Zimmer, Madame Oberlin ging ab und zu, er zeichnete, malte, las, griff nach jeder Zerstreuung, Alles hastig von einem zum andern. Doch schloß er sich jetzt besonders an Madame Oberlin an, wenn sie so da saß, das schwarze Gesangbuch vor sich, neben eine Pflanze, im Zimmer gezogen, das jüngste Kind zwischen den Knieen; auch machte er sich viel mit dem Kinde zu thun. So saß er einmal, da wurde ihm ängstlich, er sprang auf, ging auf und ab. Die Thüre halb offen, da hörte er die Magd singen, erst unverständlich, dann kamen die Worte:

> Auf dieser Welt hab' ich kein' Freud',
> Ich hab' mein Schatz und der ist weit.

Das fiel auf ihn, er verging fast unter den Tönen. Madame Oberlin sah ihn an. Er faßte sich ein Herz, er konnte nicht mehr schweigen, er mußte davon sprechen. »Beste Madame Oberlin, können Sie mir nicht sagen, was das Frauenzimmer macht, dessen Schicksal mir so centnerschwer auf dem Herzen liegt?« – »Aber Herr Lenz, ich weiß von nichts.«

Er schwieg dann wieder und ging hastig im Zimmer auf und ab; dann fing er wieder an: »Sehen Sie, ich will gehn; Gott, Sie sind noch die einzigen Menschen, wo ich's aushalten könnte, und doch – doch, ich muß weg, zu *ihr* – aber ich kann nicht, ich darf nicht. –« Er war heftig bewegt und ging hinaus.

Gegen Abend kam Lenz wieder, es dämmerte in der Stube; er setzte sich neben Madame Oberlin. »Sehn Sie«, fing er wieder an, »wenn sie so durch's Zimmer ging, und so halb für sich allein sang, und jeder Tritt war eine Musik, es war so eine Glückseligkeit in ihr, und das strömte in mich über, ich war immer ruhig, wenn ich sie ansah, oder sie so den Kopf an mich lehnte und Gott! Gott – Ich war schon lange nicht mehr ruhig …. Ganz Kind; es war, als wär ihr die Welt zu weit, sie zog sich so in sich zurück, sie suchte das engste Plätzchen im ganzen Haus, und da saß sie, als wäre ihre ganze Seeligkeit nur in einem kleinen Punkt, und dann war mir's auch so; wie ein Kind hätte ich dann spielen können. Jetzt ist es mir so eng, so eng, sehn Sie, es ist mir manchmal, als stieß' ich mit den Händen an den Himmel; o ich ersticke! Es ist mir dabei oft, als fühlt' ich physischen Schmerz, da in der linken Seite, im Arm, womit ich sie sonst faßte. Doch kann ich sie mir nicht mehr vorstellen, das Bild läuft mir fort, und dies martert mich, nur wenn es mir manchmal ganz hell wird, so ist mir wieder recht wohl.« – Er sprach später noch oft mit Madame Oberlin davon, aber meist nur in abgebrochenen Sätzen; sie wußte wenig zu antworten, doch that es ihm wohl.

Unterdessen ging es fort mit seinen religiösen Quälereien. Je leerer, je kälter, je sterbender er sich innerlich fühlte, desto mehr drängte es ihn, eine Gluth in sich zu wecken, es kamen ihm Erinnerungen an die Zeiten, wo Alles in ihm sich drängte, wo er unter all' seinen Empfindungen keuchte; und jetzt so todt. Er verzweifelte an sich selbst, dann warf er sich nieder, er rang die

Hände, er rührte Alles in sich auf; aber todt! todt! Dann flehete er, Gott möge ein Zeichen an ihm thun, dann wühlte er in sich, fastete, lag träumend am Boden. Am dritten Hornung hörte er, ein Kind in Fouday sey gestorben, ⟨das Friederike hieß⟩, er faßte es auf, wie eine fixe Idee. Er zog sich in sein Zimmer und fastete einen Tag. Am vierten trat er plötzlich in's Zimmer zu Madame Oberlin, er hatte sich das Gesicht mit Asche beschmiert, und forderte einen alten Sack; sie erschrak, man gab ihm, was er verlangte. Er wickelte den Sack um sich, wie ein Büßender, und schlug den Weg nach Fouday ein. Die Leute im Thale waren ihn schon gewohnt; man erzählte sich allerlei Seltsames von ihm. Er kam in's Haus, wo das Kind lag. Die Leute gingen gleichgültig ihrem Geschäfte nach; man wies ihm eine Kammer, das Kind lag im Hemde auf Stroh, auf einem Holztisch.

Lenz schauderte, wie er die kalten Glieder berührte und die halbgeöffneten gläsernen Augen sah. Das Kind kam ihm so verlassen vor, und er sich so allein und einsam; er warf sich über die Leiche nieder; der Tod erschreckte ihn, ein heftiger Schmerz faßte ihn an, diese Züge, dieses stille Gesicht sollte verwesen, er warf sich nieder, er betete mit allem Jammer der Verzweiflung, wie er schwach und unglücklich sey, daß Gott ein Zeichen an ihm thue, und das Kind beleben möge; dann sank er ganz in sich und wühlte all seinen Willen auf einen Punkt, so saß er lange starr. Dann erhob er sich und faßte die Hände des Kindes und sprach laut und fest: »Stehe auf und wandle!« Aber die Wände hallten ihm nüchtern den Ton nach, daß es zu spotten schien, und die Leiche blieb kalt. Da stürzte er halb wahnsinnig nieder, dann jagte es ihn auf, hinaus in's Gebirg. Wolken zogen rasch über den Mond; bald Alles im Finstern, bald zeigten sie die nebelhaft verschwindende Landschaft im Mondschein. Er rannte auf und ab. In seiner Brust war ein Triumph-Gesang der Hölle. Der Wind klang wie ein Titanenlied, es war ihm, als könnte er eine ungeheure Faust hinauf in den Himmel ballen und Gott herbei reißen und zwischen seinen Wolken schleifen; als könnte er die Welt mit den Zähnen zermalmen und sie dem Schöpfer in's Gesicht speien; er schwur, er lästerte. So kam er auf die Höhe des Gebirges, und das ungewisse Licht dehnte sich hinunter, wo die weißen Steinmassen lagen, und der Himmel war ein dummes blaues Aug, und der Mond stand ganz lächerlich drin, einfältig. Lenz mußte laut lachen, und mit dem Lachen griff der Atheismus in ihn und faßte ihn ganz sicher und ruhig und fest. Er wußte nicht mehr, was ihn vorhin so bewegt hatte, es fror ihn, er dachte, er wolle jetzt zu Bette gehn, und er ging kalt und unerschütterlich durch das unheimliche Dunkel – es war ihm Alles leer und hohl, er mußte laufen und ging zu Bette.

Am folgenden Tag befiel ihn ein großes Grauen vor seinem gestrigen Zustande, er stand nun am Abgrund, wo eine wahnsinnige Lust ihn trieb, immer wieder hineinzuschauen, und sich diese Qual zu wiederholen. Dann steigerte sich seine Angst, die Sünde wider den heiligen Geist stand vor ihm.

Einige Tage darauf kam Oberlin aus der Schweiz zurück, viel früher als man es erwartet hatte. Lenz war darüber betroffen. Doch wurde er heiter, als Oberlin ihm von seinen Freunden im Elsaß erzählte. Oberlin ging dabei im Zimmer hin und her, und packte aus, legte hin. Dabei erzählte er von Pfeffel, das Leben eines Landgeistlichen glücklich preisend. Dabei ermahnte er ihn, sich in den Wunsch seines Vaters zu fügen, seinem Berufe gemäß zu leben, heimzukehren. Er sagte ihm: »Ehre Vater und Mutter« und dergleichen mehr. Über dem Gespräch gerieth Lenz in heftige Unruhe; er stieß tiefe Seufzer aus, Thränen drangen ihm aus den Augen, er sprach abgebrochen. »Ja, ich halt' es aber nicht aus; wollen Sie mich verstoßen? Nur in Ihnen ist der Weg zu Gott. Doch mit mir ist's aus! Ich bin abgefallen, verdammt in Ewigkeit, ich bin der ewige Jude.« Oberlin sagte ihm, dafür sey Jesus gestorben, er möge sich brünstig an ihn wenden, und er würde Theil haben an seiner Gnade.

Lenz erhob das Haupt, rang die Hände, und sagte: »Ach! ach! göttlicher Trost.« Dann frug er plötzlich freundlich, was das Frauenzimmer mache. Oberlin sagte, er wisse von nichts, er wolle ihm aber in Allem helfen und rathen, er müsse ihm aber Ort, Umstände und Person angeben. Er antwortete nichts wie gebrochene Worte: »Ach sie ist todt! Lebt sie noch? du Engel, sie liebte mich – ich liebte sie, sie war's würdig, o du Engel. Verfluchte Eifersucht, ich habe sie aufgeopfert – sie liebte noch einen andern – ich liebte sie, sie war's würdig – o gute Mutter, auch die liebte mich. Ich bin ein Mörder.« Oberlin versetzte: vielleicht lebten alle diese Personen noch, vielleicht vergnügt; es möge seyn, wie es wolle, so könne und werde Gott, wenn er sich zu ihm bekehrt haben würde, diesen Personen auf sein Gebet und Thränen soviel Gutes erweisen, daß der Nutzen, den sie alsdann von ihm hätten, den Schaden, den er ihnen zugefügt, vielleicht weit überwiegen würde. Er wurde darauf nach und nach ruhiger und ging wieder an sein Malen.

Den Nachmittag kam er wieder, auf der linken Schulter hatte er ein Stück Pelz und in der Hand ein Bündel Gerten, die man Oberlin nebst einem Briefe für Lenz mitgegeben hatte. Er reichte Oberlin die Gerten mit dem Begehren, er sollte ihn damit schlagen. Oberlin nahm die Gerten aus seiner Hand, drückte ihm einige Küsse auf den Mund und sagte: dies wären die Streiche, die er ihm zu geben hätte, er möchte ruhig seyn, seine Sache mit Gott allein ausmachen, alle möglichen Schläge würden keine einzige seiner Sünden tilgen; dafür hätte Jesus gesorgt, zu dem möchte er sich wenden. Er ging.

Beim Nachtessen war er wie gewöhnlich etwas tiefsinnig. Doch sprach er von allerlei, aber mit ängstlicher Hast. Um Mitternacht wurde Oberlin durch ein Geräusch geweckt. Lenz rannte durch den Hof, rief mit hohler, harter Stimme den Namen Friederike, mit äußerster Schnelle, Verwirrung und Verzweiflung ausgesprochen, er stürzte sich dann in den Brunnentrog, patschte darin, wieder heraus und herauf in sein Zimmer, wieder herunter in den Trog, und so einigemal, endlich wurde er still. Die Mägde, die in der Kinderstube unter ihm schliefen, sagten, sie hätten oft, insonderheit aber in selbiger Nacht, ein Brummen gehört, das sie mit nichts als mit dem Tone einer

⟨Habergeise⟩ zu vergleichen wüßten. Vielleicht war es sein Winseln, mit hohler, fürchterlicher, verzweifelnder Stimme.

Am folgenden Morgen kam Lenz lange nicht. Endlich ging Oberlin hinauf in sein Zimmer, er lag im Bett ruhig und unbeweglich. Oberlin mußte lange fragen, ehe er Antwort bekam; endlich sagte er: »Ja Herr Pfarrer, sehen Sie, die Langeweile! die Langeweile! o! so langweilig, ich weiß gar nicht mehr, was ich sagen soll, ich habe schon alle Figuren an die Wand gezeichnet.« Oberlin sagte ihm, er möge sich zu Gott wenden; da lachte er und sagte: »Ja wenn ich so glücklich wäre, wie Sie, einen so behaglichen Zeitvertreib aufzufinden, ja man könnte sich die Zeit schon so ausfüllen. Alles aus Müßiggang. Denn die Meisten beten aus Langeweile; die Andern verlieben sich aus Langeweile, die Dritten sind tugendhaft, die Vierten lasterhaft und ich gar nichts, gar nichts, ich mag mich nicht einmal umbringen: es ist zu langweilig!

O Gott in Deines Lichtes Welle,
In Deines glüh'nden Mittags Helle
Sind meine Augen wund gewacht.
Wird es denn niemals wieder Nacht?«

Oberlin blickte ihn unwillig an und wollte gehen. Lenz huschte ihm nach und indem er ihn mit unheimlichen Augen ansah: »Sehn Sie, jetzt kommt mir doch was ein, wenn ich nur unterscheiden könnte, ob ich träume oder wache: sehn Sie, das ist sehr wichtig, wir wollen es untersuchen« – er huschte dann wieder ins Bett. Den Nachmittag wollte Oberlin in der Nähe einen Besuch machen; seine Frau war schon fort; er war im Begriff wegzugehen, als es an seine Thür klopfte und Lenz hereintrat mit vorwärts gebogenem Leib, niederwärts hängendem Haupt, das Gesicht über und über und das Kleid hie und da mit Asche bestreut, mit der rechten Hand den linken Arm haltend. Er bat Oberlin, ihm den Arm zu ziehen, er hätte ihn verrenkt, er hätte sich zum Fenster heruntergestürzt, weil es aber Niemand gesehen, wollte er es auch Niemand sagen. Oberlin erschrak heftig, doch sagte er nichts, er that was Lenz begehrte, zugleich schrieb er an den Schulmeister ⟨Sebastian Scheidecker⟩ in Bellefosse, er möge herunterkommen und gab ihm Instruktionen. Dann ritt er weg. Der Mann kam. Lenz hatte ihn schon oft gesehen und hatte sich an ihn attachirt. Er that als hätte er mit Oberlin etwas reden wollen, wollte dann wieder weg. Lenz bat ihn, zu bleiben, und so blieben sie beisammen. Lenz schlug noch einen Spaziergang nach Fouday vor. Er besuchte das Grab des Kindes, das er hatte erwecken wollen, kniete zu verschiedenen Malen nieder, küßte die Erde des Grabes, schien betend, doch mit großer Verwirrung, riß Etwas von der auf dem Grab stehenden Blume ab, als ein Andenken, ging wieder zurück nach Waldbach, kehrte wieder um und Sebastian mit. Bald ging er langsam und klagte über große Schwäche in den Gliedern, dann ging er mit verzweifelnder Schnelligkeit, die Landschaft beängstigte ihn, sie war so eng, daß er an Alles zu stoßen fürchtete. Ein unbeschreibliches Gefühl des Mißbehagens befiel ihn, sein Begleiter ward ihm endlich lästig, auch mochte er seine Absicht errathen und suchte Mittel ihn zu entfernen. Sebastian schien ihm nachzugeben, fand aber heimlich Mittel, seinen Bruder von der Gefahr zu benachrichtigen, und nun hatte Lenz zwei Aufseher statt einen. Er zog sie ⟨wacker⟩ herum, endlich ging er nach Waldbach zurück und da sie nahe an dem Dorfe waren, kehrte er wie ein Blitz wieder um und sprang wie ein Hirsch gen Fouday zurück. Die Männer setzten ihm nach. Indem sie ihn in Fouday suchten, kamen zwei Krämer und erzählten ihnen, man hätte in einem Hause einen Fremden gebunden, der sich für einen Mörder ausgäbe, aber gewiß kein Mörder seyn könne. Sie liefen in dies Haus und fanden es so. Ein junger Mensch hatte ihn auf sein ungestümes Dringen in der Angst gebunden. Sie banden ihn los und brachten ihn glücklich nach Waldbach, wohin Oberlin indessen mit seiner Frau zurückgekommen war. Er sah verwirrt aus, da er aber merkte, daß er liebreich und freundlich empfangen wurde, bekam er wieder Muth, sein Gesicht veränderte sich vortheilhaft, er dankte seinen beiden Begleitern freundlich und zärtlich und der Abend ging ruhig herum. Oberlin bat ihn inständig, nicht mehr zu baden, die Nacht ruhig im Bette zu bleiben und wenn er nicht schlafen könne, sich mit Gott zu unterhalten. Er versprachs und that es so die folgende Nacht, die Mägde hörten ihn fast die ganze Nacht hindurch beten. – Den folgenden Morgen kam er mit vergnügter Miene auf Oberlins Zimmer. Nachdem sie Verschiedenes gesprochen hatten, sagte er mit ausnehmender Freundlichkeit: »Liebster Herr Pfarrer, das Frauenzimmer, wovon ich Ihnen sagte, ist gestorben, ja gestorben, der Engel.« – »Woher wissen Sie das?« – »Hieroglyphen, Hieroglyphen –« und dann zum Himmel geschaut und wieder: »ja gestorben – Hieroglyphen.« Es war dann nichts weiter aus ihm zu bringen. Er setzte sich und schrieb einige Briefe, gab sie sodann Oberlin mit der Bitte, einige Zeilen dazu zu setzen. Siehe die Briefe.

Sein Zustand war indessen immer trostloser geworden, alles was er an Ruhe aus der Nähe Oberlins und aus der Stille des Thals geschöpft hatte, war weg; die Welt, die er hatte nutzen wollten, hatte einen ungeheuern Riß, er hatte keinen Haß, keine Liebe, keine Hoffnung, eine schreckliche Leere und doch eine folternde Unruhe, sie auszufüllen. Er hatte *Nichts*. Was er that, that er mit Bewußtsein und doch zwang ihn ein innerlicher Instinkt. Wenn er allein war, war es ihm so entsetzlich einsam, daß er beständig laut mit sich redete, rief, und dann erschrak er wieder und es war ihm, als hätte eine fremde Stimme mit ihm gesprochen. Im Gespräch stockte er oft, eine unbeschreibliche Angst befiel ihn, er hatte das Ende seines Satzes verloren; dann meinte er, er müsse das zuletzt gesprochene Wort behalten und immer sprechen, nur mit großer Anstrengung unterdrückte er diese Gelüste. Es bekümmerte die guten Leute tief, wenn er manchmal in ruhigen Augenblicken bei ihnen saß und unbefangen sprach und er dann stockte und eine unaussprechliche Angst sich in seinen Zügen malte, er die Personen, die ihm zunächst saßen krampfhaft am Arm faßte und erst nach und nach wieder zu sich kam. War er allein, oder las er, war's noch ärger, all' seine geistige Thätigkeit blieb manchmal in einem Gedanken hängen; dachte er an eine fremde Person, oder stellte er sie sich lebhaft vor, so war es ihm, als würde er sie selbst, er verwirrte sich ganz und dabei hatte er einen unendlichen Trieb, mit Allem um ihn im Geist willkürlich umzugehen; die Natur, Menschen, nur Oberlin ausgenommen, Alles traumartig, kalt; er amüsirte sich, die Häuser auf die Dächer zu stellen, die Menschen an- und auszukleiden, die wahnwitzigsten Possen auszusinnen. Manchmal fühlte er einen unwiderstehlichen Drang, das Ding, das er gerade im Sinne hatte, auszuführen, und dann schnitt er entsetzliche Fratzen. Einst saß er neben Oberlin, die Katze lag gegenüber auf einem Stuhl, plötzlich wurden seine Augen starr, er hielt sie unverrückt auf das Thier gerichtet, dann glitt er langsam den Stuhl herunter, die Katze ebenfalls, sie war wie bezaubert von seinem Blick, sie gerieth in ungeheure Angst, sie sträubte sich scheu, Lenz mit den nämlichen Tönen, mit fürchterlich entstelltem Gesicht, wie in Verzweiflung stürzten Beide auf einander los, da endlich erhob sich Madame Oberlin, um sie zu trennen. Dann war er wieder tief beschämt. Die Zufälle des Nachts steigerten sich auf's Schrecklichste. Nur mit der größten Mühe schlief er ein, während er zuvor noch die schreckliche Leere zu füllen versucht hatte. Dann gerieth er zwischen Schlaf und Wachen in einen entsetzlichen Zustand; er stieß an etwas Grauenhaftes, Entsetzliches, der Wahnsinn packte ihn, er fuhr mit fürchterlichem Schreien, in Schweiß gebadet, auf, und erst nach und nach fand er sich wieder. Er mußte dann mit den einfachsten Dingen anfangen, um wieder zu sich zu kommen. Eigentlich nicht er selbst that es, sondern ein mächtiger Erhaltungstrieb, es war als sey er doppelt und der eine Theil suchte den andern zu retten, und rief sich selbst zu; er erzählte, er sagte in der heftigsten Angst Gedichte her, bis er wieder zu sich kam.

Auch bei Tage bekam er diese Zufälle, sie waren dann noch schrecklicher; denn sonst hatte ihn die Helle davor bewahrt. Es war ihm dann, als existire er allein, als bestünde die Welt nur in seiner Einbildung, als sey nichts, als er, er sey das ewig Verdammte, der Satan; allein mit seinen folternden Vorstellungen. Er jagte mit rasender Schnelligkeit sein Leben durch und dann sagte er: »consequent, consequent«; wenn Jemand was sprach: »inconsequent, inconsequent«; es war die Kluft unrettbaren Wahnsinns, eines Wahnsinns durch die Ewigkeit. Der Trieb der geistigen Erhaltung jagte ihn auf; er stürzte sich in Oberlins Arme, er klammerte sich an ihn, als wolle er sich in ihn drängen, er war das einzige Wesen, das für ihn lebte und durch den ihm wieder das Leben offenbart wurde. Allmählig brachten ihn Oberlins Worte dann zu sich, er lag auf den Knieen vor Oberlin, seine Hände in den Händen Oberlins, sein mit kaltem Schweiß bedecktes Gesicht auf dessen Schooß, am ganzen Leibe bebend und zitternd. Oberlin empfand unendliches Mitleid, die Familie lag auf den Knieen und betete für den Unglücklichen, die Mägde flohen und hielten ihn für einen Besessenen. Und wenn er ruhiger wurde, war es wie der Jammer eines Kindes, er schluchzte, er empfand ein tiefes, tiefes Mitleid mit sich selbst; das waren auch seine seligsten Augenblicke. Oberlin sprach ihm von Gott. Lenz wand sich ruhig los und sah ihn mit einem Ausdruck unendlichen Leidens an, und sagte endlich: »aber ich, wär' ich allmächtig, sehen Sie, wenn ich so wäre, ich könnte das Leiden nicht ertragen, ich würde retten, retten, ich will ja nichts als Ruhe, Ruhe, nur ein wenig Ruhe und schlafen können.« Oberlin sagte, dies sey eine Profanation. Lenz schüttelte trostlos mit dem Kopfe. Die halben Versuche zum Entleiben, die er indeß fortwährend machte, waren nicht ganz Ernst, es war weniger der Wunsch des Todes, für ihn war ja keine Ruhe und Hoffnung im Tod; es war mehr in Augenblicken der fürchterlichsten Angst oder der dumpfen an's Nichtseyn gränzenden Ruhe ein Versuch, sich zu sich selbst zu bringen durch physischen Schmerz. Augenblicke, wenn sein Geist sonst auf irgend einer wahnwitzigen Idee zu reiten schien, waren noch die glücklichsten. Es war doch ein wenig Ruhe und sein wirrer Blick war nicht so entsetzlich, als die nach Rettung dürstende Angst, die ewige Qual der Unruhe! Oft schlug er sich den Kopf an die Wand, oder versetzte sich sonst einen heftigen physischen Schmerz.

Den 8. Morgens blieb er im Bette, Oberlin ging hinauf; er lag fast nackt auf dem Bette und war heftig bewegt. Oberlin wollte ihn zudecken, er klagte aber sehr, wie schwer Alles sey, so schwer, er glaube gar nicht, daß er gehen könne, jetzt endlich empfände er die ungeheure Schwere der Luft. Oberlin sprach ihm Muth zu. Er blieb aber in seiner frühern Lage und blieb den größten Theil des Tages so, auch nahm er keine Nahrung zu sich. Gegen Abend wurde Oberlin zu einem Kranken nach Bellefosse gerufen. Es war gelindes Wetter und Mondschein. Auf dem Rückweg begegnete ihm Lenz. Er schien ganz vernünftig und sprach ruhig und freundlich mit Oberlin. Der bat ihn, nicht zu weit zu gehen, er versprachs; im Weggehen wandte er sich plötzlich um und trat wieder ganz nah zu Oberlin und sagte rasch: »Sehn Sie, Herr Pfarrer, wenn ich das nur nicht mehr hören müßte mir wäre geholfen.« – »Was denn, mein Lieber?« – »Hören Sie denn nichts, hören Sie denn nicht die entsetzliche Stimme, die um den ganzen Horizont schreit, und die man gewöhnlich die Stille heißt? seit ich in dem stillen Thal bin, hör' ich's immer, es läßt mich nicht schlafen, ja Herr Pfarrer, wenn ich wieder einmal schlafen könnte.« Er ging dann kopfschüttelnd weiter. Oberlin ging zurück nach Waldbach und wollte ihm Jemand nachschicken, als er ihn die Stiege herauf in sein Zimmer gehen hörte. Einen Augenblick darauf platzte etwas im Hof mit so starkem Schall, daß es Oberlin unmöglich von dem Falle eines Menschen herkommen zu können schien. Die Kindsmagd kam todtblaß und ganz zitternd.

―――

Er saß mit kalter Resignation im Wagen, wie sie das Thal hervor nach Westen fuhren. Es war ihm einerlei, wohin man ihn führte; mehrmals wo der Wagen bei dem schlechten Wege in Gefahr gerieth, blieb er ganz ruhig sitzen; er war vollkommen gleichgültig. In diesem Zustand legte er den Weg durch's Gebirg zurück. Gegen Abend waren sie im Rheinthale. Sie entfernten sich allmählig vom Gebirg, das nun wie eine tiefblaue Krystallwelle sich in das Abendroth hob, und auf deren warmer Fluth die rothen Strahlen des Abends spielten; über die Ebene hin am Fuße des Gebirges lag ein schimmerndes bläuliches Gespinnst. Es wurde finster, je mehr sie sich Straßburg näherten; hoher Vollmond, alle fernen Gegenstände dunkel, nur der Berg neben bildete eine scharfe Linie, die Erde war wie ein goldner Pokal, über den schäumend die Goldwellen des Monds liefen. Lenz starrte ruhig hinaus, keine Ahnung, kein Drang; nur wuchs eine dumpfe Angst in ihm, je mehr die Gegenstände sich in der Finsterniß verloren. Sie mußten einkehren; da machte er wieder mehre Versuche, Hand an sich zu legen, war aber zu scharf bewacht. Am folgenden Morgen bei trübem regnerischem Wetter traf er in Straßburg ein. Er schien ganz vernünftig, sprach mit den Leuten; er that Alles wie es die Andern thaten, es war aber eine entsetzliche Leere in ihm, er fühlte keine Angst mehr, kein Verlangen; sein Dasein war ihm eine nothwendige Last. – So lebte er hin.

Woyzeck

Entstehungsstufen

Woyzeck
Erste Fassung

Szenengruppe 1

1 | BUDEN. VOLK

MARKTSCHREIER *vor einer Bude.* Meine Herren! Meine Herren! Sehn Sie die Creatur, wie sie Gott gemacht, nix, gar nix. Sehen Sie jezt die Kunst, geht aufrecht hat Rock und Hosen, hat ein Säbel! Ho! Mach Compliment! So bist Baron. Gieb Kuß! *Er trompetet.* Wicht ist musikalisch. Meine Herren hier ist zu sehen das astronomische Pferd und die kleine Canaillevögele. Ist favori von alle gekrönte Häupter. Die rapräsentation anfangen! Man mackt Anfang von Anfang. Es wird sogleich seyn das commencement von commencement.
WOYZECK. Willst du?
MARGRETH. Meinetwege. Das muß schön Dings seyn. Was der Mensch Quasten hat und die Frau hat Hosen.

2 | DAS INNERE DER BUDE

MARKTSCHREIER. Zeig' dein Talent! zeig deine viehische Vernünftigkeit! Beschäm die menschlich Societät! Meine Herren, dieß Thier, das Sie da sehn, Schwanz am Leib, auf sei 4 Hufe ist Mitglied von alle gelehrte Societät, ist Professor an unse Universität, wo die Studente bey ihm reiten und schlage lerne. Das war einfacher Verstand. Denk jezt mit der doppelte raison. Was machst du wann du mit der doppelte Raison denkst? Ist unter der gelehrte Société da ein Esel? *Der Gaul schüttelt den Kopf.* Sehn Sie jezt die doppelte Räson? Das ist Viehsionomik. Ja das ist kei viehdummes Individuum, das ist eine Person. Ei Mensch, ei thierisch Mensch und doch ei Vieh, ei bête. *Das Pferd führt sich ungebührlich auf.* So beschäm die société. Sehn Sie das Vieh ist noch Natur, unideale Natur!

Lern Sie bey ihm. Fragen Sie den Arzt, es ist höchst schädlich. Das hat geheiße: Mensch sey natürlich. Du bist geschaffe Staub, Sand, Dreck. Willst du mehr seyn, als Staub, Sand, Dreck? Sehn Sie was Vernunft, es kann rechnen und kann doch nit an de Finger herzählen, warum? Kann sich nur nit ausdrücke, nur nit explicirn, ist ein verwandelter Mensch! Sag den Herrn, wieviel Uhr es ist. Wer von den Herrn und Damen hat eine Uhr, eine Uhr?

UNTEROFFICIER. Eine Uhr! *Zieht großartig und gemessen die Uhr aus der Tasche.* Da mein Herr. (Das ist ein Weibsbild guckt siebe Paar lederne Hose durch)

MARGRETH. Das muß ich sehn. *Sie klettert auf den 1. Platz. Unterofficier hilft ihr.*

UNTEROFFICIER.

[3] MARGRETH ALLEIN

Der andre hat ihm befohlen und er hat gehn müssen. Ha! Ein Mann vor einem Andern.

[4] DER CASERNENHOF

Andres. Louis.

ANDRES *singt.* Frau Wirthin hat n'e brave Magd,
Sie sizt im Garten Tag und Nacht,
Sie sizt in ihrem Garte,
Biß daß das Glöcklein zwölfe schlägt,
Und paßt auf die Soldate.

LOUIS. He Andres, ich hab kei Ruh!
ANDRES. Narre!
LOUIS. Was meinst du? So red doch!
ANDRES. Nu?
LOUIS. Was glaubst du wohl, daß ich hier bin?

ANDRES. Weils schön Wetter ist und sie heut tanzen.
LOUIS. Ich muß fort, muß sehn!
ANDRES. Was willst du?
LOUIS. Hinaus!
ANDRES. Du Unfried, wegen des Menschs.
LOUIS. Ich muß fort.

5 WIRTSHAUS

Die Fenster sind offen. Man tanzt. Auf der Bank vor dem Haus.

LOUIS *lauscht am Fenster.* Er – Sie! Teufel! *Er setzt sich zitternd nieder. Er späht, tritt an's Fenster.* Wie das geht! Ja wälzt euch übernander! Und Sie: immer, zu – immer zu.
DER NARR. Puh! Das riecht.
LOUIS. Ja das riecht! Sie hat rothe rothe Backe und warum riecht sie schon? Carl, was witterst du so?
DER NARR. Ich riech, ich riech Blut.
LOUIS. Blut? Warum wird es mir so roth vor den Augen! Es ist mir als wälzten sie sich in einem Meer von Blut, all mitnander! Ha rothes Meer.

6 FREIES FELD

LOUIS. Immer! zu! – Immer zu! – Hisch! hasch, so gehn die Geigen und die Pfeifen. – Immer zu! immer zu! Was spricht da? Da unten aus dem Boden hervor, ganz leise, was, was? *Er bückt sich nieder.* Stich! Stich! Stich die Woyzecke todt! Stich! stich die Woyzecke todt! Immer Woyzecke! das zischt und rumort und donnert.

7 EIN ZIMMER

Louis und Andres.

ANDRES. He!
LOUIS. Andres!
ANDRES *murmelt im Schlaf.*
LOUIS. He Andres!
ANDRES. Na, was is?
LOUIS. Ich hab kei Ruh, ich hör's immer, wie's geigt und springt, immer zu! immer zu! Und dann wann ich die Augen zumach, da blizt es mir immer, es ist ei groß breit Messer und das liegt auf eim Tisch am Fenster und ist in einer eng dunkel Gaß und ein alter Mann sizt dahinter. Und das Messer ist mir immer zwischen den Augen.
ANDRES. Schlaf Narr!

8 CASERNENHOF

LOUIS. Hast nix gehört?
ANDRES. Er ist da noch mit einem Kamraden.
LOUIS. Er hat was gesagt.
ANDRES. Woher weißt du's? Was soll ich's sagen. Nu, er lachte und dann sagt' er: ein köstlich Weibsbild! Die hat Schenkel und Alles so heiß!
LOUIS *ganz kalt.* So hat er das gesagt?
  Von was hat mir doch heut Nacht geträumt? War's nicht von eim Messer? Was man doch närrische Träume hat.
ANDRES. Wohin Kamrad?
LOUIS. Meim Officier Wein holen. – Aber Andres, sie war doch ein einzig Mädel.
ANDRES. Wer war?
LOUIS. Nix. Adies.

9 | DER OFFICIER. LOUIS

LOUIS *allein.* Was hat er gesagt? So? – Ja es ist noch nicht aller Tag Abend.

10 | EIN WIRTSHAUS

Barbier. Unterofficier.

BARBIER.   Ach Tochter, liebe Tochter,
Was hast du gedenkt,
Daß du dich an die Landkutscher
Und die Fuhrleut hast gehängt? –
Was kann der liebe Gott nicht, was? Das Geschehene ungeschehn machen. Hä hä hä! – Aber es ist eimal so, und es ist gut, daß es so ist. Aber besser ist besser.
Singt.   Branntewei das ist mein Leben,
Branntwei giebt Courage.
Und ein ordentlicher Mensch hat sein Leben lieb, und ein Mensch, der sein Leben lieb hat, hat keine Courage, ein tugendhafter Mensch hat keine Courage. Wer Courage hat ist ein Hundsfott.

UNTEROFFICIER *mit Würde.* Sie vergessen sich, in Gegenwart eines Tapfern.

BARBIER. Ich spreche ohne Beziehungen, ich spreche nicht mit Rücksicht, wie die Franzose spreche, und es war schön von Euch. – Aber wer Courage hat ist ein Hundsfott!

UNTEROFFICIER. Teufel! du zerbrochne Bartschüssel, du abgestanden Seifbrüh du sollst mir dei Urin trinke, du sollst mir dei Rasirmesser verschlucken!

BARBIER. Herr Er thut sich Unrecht, hab ich Ihn denn gemeint, hab ich gesagt Er hätt Courage? Herr laß Er mich in Ruh! Ich bin die Wissenschaft. Ich bekomm für mei Wissenschaftlichkeit alle Woche ein halbe Gulden, schlag Er mich nicht grad oder ich muß verhungern. Ich bin eine Spinosa pericyclyda;

ich hab ein lateinischen Rücken. Ich bin ein lebendiges Skelett. Die ganze Menschheit studirt an mir. Was ist der Mensch? Knochen! Staub, Sand, Dreck. Was ist die Natur? Staub, Sand, Dreck. Aber die dummen Menschen, die dummen Menschen. Wir müssen Freunde seyn. Wenn Ihr keine Courage hättet gäb es keine Wissenschaft. Nur Natur, keine Amputation, ⟨unleserlich⟩. Was ist das? Bein, Arm, Fleisch, Knochen, Adern? Was ist das? Dreck? Was steckt's im Dreck? Laß ich den Arm so abschneide? nein. Der Mensch ist egoistisch, aber haut, schießt, sticht, hurt. *Er schluchzt.* Wir müssen. Freunde ich bin gerührt. Seht ich wollte unsre Nasen wärn zwei Bouteillen und wir könnten sie uns einander in den Hals gießen. Ach was die Welt schön ist! Freund! ein Freund! Die Welt! *Gerührt.* Seht die Sonn kommt zwischen de Wolke hervor, als würd e potchambre ausgeschütt. *Er weint.*

11 DAS WIRTSHAUS

Louis sizt vorm Wirtbshaus.
Leute gehn hinaus.

ANDRES. Was machst du da?
LOUIS. Wieviel Uhr ist's?
ANDRES. ———
LOUIS. Is noch nicht mehr? Ich meint' es müßt schneller gehn. Ich wollt es wär übermorgen Abend.
ANDRES. Warum?
LOUIS. Dann wär's vorbey.
ANDRES. Was?
LOUIS. Geh dei Wege.

ANDRES. Was sizt du da vor der Thür?
LOUIS. Ich size gut da, und ich weiß – aber es size manche Leut vor der Thür und sie wissen es nicht: Es wird mancher mit den Füßen voran zur Thür n'aus getragen!

ANDRES. Komm mit!
LOUIS. Ich siz gut so und läg noch besser gut so. Ja Andres grobe Hobelspän sind ja auch noch Polster. Wenn alle Leut wüßten wieviel Uhr es ist, sie würde sich ausziehn, und ei seidens Hemd anthun und sich die Hobelspän schütteln lassen.
ANDRES. Er ist besoffen.
LOUIS. Was liegt denn da üben? Ebe glänzt es so. Es zieht mir immer so zwischen de Augen herum. Wie es glizert. Ich muß das Ding haben.

| 12 | FREIES FELD

LOUIS. *Er legt das Messer in eine Höhle.* Du sollst nicht tödten. Lieg da! Fort! *Er entfernt sich eilig.*

| 13 | NACHT. MONDSCHEIN

Andres und Louis in einem Bett.
LOUIS *leise.* Andres!
ANDRES *träumt.* Da – halt! – Ich
LOUIS. He Andres!
ANDRES. Wie?
LOUIS. Ich hab kei Ruhe! Andres.
ANDRES. Drückt dich der Alp?
LOUIS. Draußen liegt was. Im Boden. Sie deuten immer drauf hin und hörst du's jezt, und jezt, wie sie in den Wänden klopfen? eben hat einer zum Fenster hereingeguckt. Hörst du's nicht? Ich hör's den ganzen Tag. Immer zu. Stich! stich die Woyzecke todt.
ANDRES. Leg dich Louis. Du mußt ins Lazareth. Du mußt Schnaps trinke und Pulver drin, das schneidt das Fieber.

| 14 | MARGRETH MIT MÄDCHEN VOR DER HAUSTÜR

MÄDCHEN. Wie scheint die Sonn St. Lichtmeßtag
Und steht das Korn im Blühn.
Sie gingen wohl die Straße hin,
Sie gingen zu zwei und zwein.
Die Pfeifer gingen vorn,
Die Geiger hinte drein.
Sie hatte rothe Sock ...
1. KIND. S' ist nit schön.
2. KIND. Was willst du auch immer!
Was hast zuerst anfangen

      Warum?

Ich kann nit

      Darum!

Es muß singen

      Aber warum darum?

Magrethche sing du uns.
MARGRETH. Kommt ihr klei Krabben!
  Ringle, ringel Rosenkranz. König Herodes.
Großmutter erzähl.
GROSSMUTTER. Es war eimal ein arm Kind und hat kei Vater und kei Mutter war Alles todt und war Niemand mehr auf der Welt. Alles todt, und es ist hingangen und hat greint Tag und Nacht. Und weil auf der Erd Niemand mehr war, wollt's in Himmel gehn, und der Mond guckt es so freundlich an und wie's endlich zum Mond kam, war's ein Stück faul Holz und da ist es zur Sonn gangen und wie's zur Sonn kam, war's ein verreckt Sonneblum und wie's zu den Sterne kam, warens klei golde Mück, die waren angesteckt wie der Neuntödter sie auf die Schlehe steckt und wie's wieder auf die Erd wollt, war die Erd ein umgestürzter Hafen und war ganz allein und da hat sich's hingesetzt und geweint und da sitzt es noch und ist ganz allein.
LOUIS. Magreth!

MARGRETH *erschreckt.* Was ist?
LOUIS. Magreth wir wolln gehn. S' ist Zeit.
MARGRETH. Wohinaus?
LOUIS. Weiß ich's?

15 | MARGRETH UND LOUIS

MARGRETH. Also dort hinaus ist die Stadt. S' ist finster.
LOUIS. Du sollst noch bleiben. Komm setz dich.
MARGRETH. Aber ich muß fort.
LOUIS. Du wirst dir die Füß nicht wund laufen.
MARGRETH. Wie bist du nur auch!
LOUIS. Weißt du auch wie lang es just ist, Magreth?
MARGRETH. An Pfingsten 2 Jahr.
LOUIS. Weißt du auch wie lang es noch seyn wird?
MARGRETH. Ich muß fort das Nachtessen richten.
LOUIS. Friert's dich Magreth, und doch bist du warm. Was du heiße Lippen hast! (heiß, heiß Hurenathem) und doch möcht' ich den Himmel geben sie noch eimal zu küssen) ⟨unleserlich⟩ und wenn man kalt ist so friert man nicht mehr. Du wirst vom Morgenthau nicht frieren.
MARGRETH. Was sagst du?
LOUIS. Nix. *Schweigen.*
MARGRETH. Was der Mond roth auf geht.
LOUIS. Wie ein blutig Eisen.
MARGRETH. Was hast du vor? Louis, du bist so blaß. Louis halt! Um des Himmels willen, Hü – Hülfe!
LOUIS. Nimm das und das! Kannst du nicht sterben? So! so! Ha sie zuckt noch, noch nicht, noch nicht? Immer noch? *Stößt zu.* Bist du todt? Todt! Todt! *Es kommen Leute, läuft weg.*

| 16 | ES KOMMEN LEUTE

1. PERSON. Halt!
2. PERSON. Hörst du? Still! Da!
1. PERSON. Uu! Da! Was ein Ton.
2. PERSON. Es ist das Wasser, es ruft, schon lang ist Niemand ertrunken. Fort, s' ist nicht gut, es zu hören.
1. PERSON. Uu jezt wieder. Wie ein Mensch der stirbt.
2. PERSON. Es ist unheimlich, so dunstig, allenthalb Nebel, grau und das Summen der Käfer wie gesprungne Glocken. Fort!
1. PERSON. Nein, zu deutlich, zu laut. Da hinauf. Komm mit.

| 17 | DAS WIRTSHAUS

LOUIS. Tanzt alle, immer zu, schwizt und stinkt, er holt euch doch eimal Alle.
Singt.   Frau Wirthin hat 'ne brave Magd,
             Sie sitzt im Garten Tag und Nacht,
             Sie sitzt in ihrem Garten,
             Bis daß das Glöcklein zwölfe schlägt,
             Und paßt auf die Soldaten.
Er tanzt. So Käthe! setz dich! Ich hab heiß, heiß, *er zieht den Rock aus* es ist eimal so, der Teufel holt die eine und läßt die andre laufen. Käthe du bist heiß! Warum denn? Käthe du wirst auch noch kalt werden. Sey vernünftig. Kannst du nicht singen?
KÄTHE.   Ins Schwabeland das mag ich nicht,
             Und lange Kleider trag ich nicht,
             Denn lange Kleider spitze Schuh,
             Die kommen keiner Dienstmagd zu.
LOUIS. Nein, keine Schuh, man kann auch ohne Schuh in die Höll gehn.
KÄTHE *tanzt*:   O pfui mein Schatz das war nicht fein.
                 Behalt dei Thaler und schlaf allein.

LOUIS. Ja wahrhaftig! ich möchte mich nicht blutig machen.
KÄTHE. Aber was hast du an deiner Hand?
LOUIS. Ich? Ich?
KÄTHE. Roth, Blut! *Es stellen sich Leute um sie.*
LOUIS. Blut? Blut.
WIRTH. Uu Blut.
LOUIS. Ich glaub ich hab' mich geschnitten, da an der rechten Hand.
WIRTH. Wie kommt's aber an den Ellenbogen?
LOUIS. Ich hab's abgewischt.
WIRTH. Was mit der rechten Hand an den rechten Ellenbogen? Ihr seyd geschickt.
NARR. Und da hat der Ries gesagt: ich riech, ich riech, ich riech Menschefleisch. Puh! Das stinkt schon.
LOUIS. Teufel, was wollt ihr? Was geht's euch an? Platz! oder der erste – Teufel! Meint ihr ich hätt Jemand umgebracht? Bin ich Mörder? Was gafft ihr! Guckt euch selbst an! Platz da! *Er läuft hinaus.*

| 18 | KINDER

1. KIND. Fort! Magrethchen!
2. KIND. Was is?
1. KIND. Weißt du's nit? Sie sind schon alle hinaus. Drauß liegt eine!
2. KIND. Wo?
1. KIND. Links über die Lochschanz in dem Wäldche, am rothen Kreuz.
2. KIND. Fort, daß wir noch was sehen. Sie tragen's sonst hinein.

19 | LOUIS ALLEIN

Das Messer? Wo ist das Messer? Ich hab' es da gelassen. Es verräth mich! Näher, noch näher! Was ist das für ein Platz? Was hör ich? Es rührt sich was. Still. Da in der Nähe. Magreth? Ha Magreth! Still. Alles still! (Was bist du so bleich, Magreth? Was hast du eine rothe Schnur um den Hals? Bey wem hast du das Halsband verdient, mit deinen Sünden? Du warst schwarz davon, schwarz! Hab ich dich jezt gebleicht. Was hänge die schwarze Haar, so wild? Hast du die Zöpfe heut nicht geflochten?) Da liegt was! kalt, naß, stille. Weg von dem Platz. Das Messer, das Messer, hab ich's? So! Leute. – Dort.
Er läuft weg.

20 | LOUIS AN EINEM TEICH

So da hinunter! *Er wirft das Messer hinein.* Es taucht in das dunkle Wasser, wie ein Stein! Der Mond ist wie ein blutig Eisen! Will denn die ganze Welt es ausplaudern? Nein es liegt zu weit vorn, wenn sie sich baden, *er geht in den Teich und wirft weit* so jezt – aber im Sommer, wenn sie tauchen nach Muscheln, bah es wird rostig. Wer kann's erkennen – hätt' ich es zerbrochen! Bin ich noch blutig? ich muß mich waschen. Da ein Fleck und da noch einer.

21 | GERICHTSDIENER. BARBIER. ARZT. RICHTER

GERICHTSDIENER. Ein guter Mord, ein ächter Mord, ein schöner Mord, so schön als man ihn nur verlangen thun kann, wir haben schon lange so kein gehabt. ———
BARBIER. Dogmatischer Atheist. Lang, hager, feig, schlecht, Wissenschftl.

Woyzeck
Erste Fassung

Szenengruppe 2

[1] FREIES FELD. DIE STADT IN DER FERNE

Woyzeck. Andres.
Andres und Woyzeck schneiden Stöcke im Gebüsch.
ANDRES *pfeift und singt.*
>Da ist die schöne Jägerei,
>Schießen steht Jedem frei;
>Da möcht' ich Jäger seyn,
>Da möcht ich hin.
>
>Läuft dort e Has vorbey,
>Frägt mich ob ich Jäger sey.
>Jäger bin ich auch schon gewesen,
>Schießen kann ich aber nit.

WOYZECK. Ja Andres, das ist er – der Platz ist verflucht. Siehst du den leuchtenden Streif, da über das Gras hin, wo die Schwämme so nachwachsen? da rollt Abends der Kopf, es hob ihn eimal einer auf, er meint' es sey ein Igel, 3 Tage und 3 Nächte, er wurde zwerch, und er war todt. *Leise.* Das waren die Freimaurer, ich hab' es haus.

ANDRES. Es wird finster, fast macht Ihr mir Angst. *Er singt.*

WOYZECK *faßt ihn an.* Hörst du's Andres? Hörst du's es geht neben uns, unter uns. Fort, die Erde schwankt unter unsern Sohlen. Die Freimaurer! Wie sie wühlen! *Er reißt ihn mit sich.*

ANDRES. Laßt mich! Seyd Ihr toll! Teufel.

WOYZECK. Bist du ein Maulwurf, sind dei Ohre voll Sand? Hörst du das fürchterliche Getös am Himmel? Ueber der Stadt. Alles Gluth! Sieh nicht hinter dich. Wie es hervorschießt, und Alles donnert.

ANDRES. Du machst mir Angst.

WOYZECK. Sieh nicht hinter dich! *Sie verstecken sich im Gebüsch.*
ANDRES. Woyzeck ich hör nichts mehr.
WOYZECK. Still, ganz still, wie der Tod.
ANDRES. Sie trommeln drin. Wir müssen fort.

2 | DIE STADT

Louise. Margreth am Fenster.
Der Zapfenstreich geht vorbey. Tambourmajor voraus.
LOUISE. He! Bub! Se kommen.
MARGRETH. Ein schöner Mann!
LOUISE. Wie e Baum.
Tambourmajor grüßt.
MARGRETH. Ey was freundliche Auge, Frau Nachbar, so was is man nit an Ihr gewohnt.
LOUISE. Soldaten, das sind schmucke Bursch …
MARGRETH. Ihre Auge glänze ja noch.
LOUISE. Was geht Sie's an! Trag Sie Ihre Auge zum Jud und laß sie sich putze, vielleicht glänze sie auch noch, daß man sie als 2 Knöpf verkaufe könnt.
MARGRETH. Sie! Sie! Frau Jungfer, ich bin e honnette Person, aber Sie, es weiß jeder, Sie guckt siebe Paar lederne Hose durch.
LOUISE. Luder! *Schlägt das Fenster zu.* Komm mei Bu, soll ich dir singe? Was die Leut wolle! Bist du auch nur e Hurekind und machst dei Mutter Freud mit deim unehrliche Gesicht.
    Hansel spann deine sechs Schimmel an,
    Gieb ihn zu fresse auf's neu.
    Kein Haber fresse sie,
    Kein Wasser saufe sie,
    Lauter kühle Wein muß es seyn. Juchhe!
    Lauter kühle Wein muß es seyn.

>   Mädel was fangst du jezt an,
>   Hast ein klein Kind und kein Mann?
>   Ey was frag ich danach,
>   Sing ich den ganzen Tag,
>   Heyo popeio mei Bu, juchhe!
>   Giebt mir kein Mensch nix dazu.

Es klopft am Fenster. Bist du's Franz? Komm herein.
WOYZECK. Ich kann nit. Muß zum Verles.
LOUISE. Hast du Stecken geschnitten für den Major?
WOYZECK. Ja Louisel.
LOUISE. Was hast du Franz, du siehst so verstört?
WOYZECK. Pst! still! Ich hab's aus! Die Freimaurer! Es war ein fürchterliches Getös am Himmel und Alles in Gluth! Ich bin viel auf der Spur! sehr viel.
LOUISE. Mann!
WOYZECK. Meinst? Sieh um dich! Alles starr, fest, finster, was regt sich dahinter. Etwas, was wir nicht fasse. Geht still, was uns von Sinnen bringt, aber ich hab's aus. Ich muß fort!
LOUISE. Dei Kind?
WOYZECK. Ach, Junge! Heut Abend auf die Mess. Ich hab wieder was gespart. *Ab.*
LOUISE. Der Mann schnappt noch über, er hat mir Angst gemacht. Wie unheimlich, ich mag wenn es finster wird gar nicht bleiben, ich glaub' ich bin blind, er steckt ein an. Sonst scheint doch als die Latern herein. Ach wir armen Leut.

Sie singt: Und macht die Wiege knickknack,
                 Schlaf wohl mei lieber Dicksack.
                                          Sie geht ab.

[3] ÖFFENTLICHER PLATZ. BUDEN. LICHTER

ALTER MANN. KIND *das tanzt:*
>Auf der Welt ist kein Bestand,
>Wir müssen alle sterben,
>Das ist uns wohlbekannt!

Hey! Hopsa! Arm Mann, alter Mann! Arm Kind! Jung Kind! Sorgen und Fest! Hey Louisel, soll ich dich
Ein Mensch muß auch der Narr von Verstand seyn, damit er sagen kann: Narrisch Welt! Schön Welt!

AUSRUFER *vor einer Bude.* Meine Herrn, meine Damen, hier sind zu sehn das astronomische Pferd und die kleine Canaillevogel, sind Liebling von alle Potentate Europas und Mitglied von alle gelehrte Societät, verkündige de Leute Alles, wie alt, wie viel Kinder, was für Krankheit. Schießt Pistol los, stellt sich auf ein Bein. Alles Erziehung, habe nur eine viehische Vernunft, oder vielmehr eine ganz vernünftige Viehigkeit, ist kein viehdummes Individuum wie viel Person, das verehrliche Publikum abgerechnet. Herein. Es wird sein, die rapräsentation. Das commencement vom commencement wird sogleich nehm sein Anfang.

Sehn Sie die Fortschritte der Civilisation. Alles schreitet fort, ein Pferd, ein Aff, ein Canaillevogel! Der Aff ist schon ein Soldat, s'ist noch nit viel, unterst Stuf von menschliche Geschlecht!

HERR. Grotesk! Sehr grotesk!

STUDENT. Sind Sie auch ein Atheist! ich bin ein dogmatischer Atheist.

⟨unleserlich⟩. Ist's grotesk? Ich bin ein Freund vom grotesken. Sehen Sie dort? was ein grotesker Effect.

⟨unleserlich⟩. Ich bin ein dogmatischer Atheist.

HERR. Grotesk!

| 4 | HANDWERKSBURSCHEN

EIN HANDWERKSBURSCH. Bruder! Vergißmeinicht! Freundschaft! Ich könnt ein Regenfaß voll greinen vor Wehmuth! wann ich noch Rum hätt! Es stinkt nur, es riecht nur. Warum ist dieße Welt so schön? Wann ich's ein Aug zu mach und über mei Nas hinguck, so is Alles roseroth. Brandewein, das ist mei Leben.

EIN ANDERER. Er sieht Alles rosenroth, wann ihm's Kreuz über sei Nas guckt.

⟨unleserlich⟩. S'is kei Ordnung! Was hat der Laternputzer vergesse mir die Auge zu fege, s'is Alles finster. Hol der Teufel de liebe Herrgott! Ich lieg mir selbst im Weg und muß über mich springe. Wo is mei Schatten hingekomm? Kei Sicherheit mehr im Stall. Leucht mir einmal einer mit dem Mond zwische die Bein ob ich mei Schatte noch hab.

    Fraßen ab das grüne, grüne Gras,
    Fraßen ab das grün, grün Gras
    Bis auf den Ra-a-sen.

Sternschnuppe, ich muß den Stern' die Nas schneuzen.
Das ist mir ein Geselle, die Handthierung, ist dir recht, Schaum, ei Thorheit, Thierisches Vergnügen meines seeligen Mannes ⟨unleserlich⟩ und empfiehlt sich mit mehr ungezeugten Kindern.
Mach kei Loch in die Natur.
Warum hat Gott die Mensche geschaffe? Das hat auch sei Nutz. Was würde der Landmann, der Schuhmacher, der Schneider anfange, wenn er für die Mensche kei Schuh, kei Hose machte? Warum hat Gott den Mensche das Gefühl der Schamhaftigkeit eingeflößt? Damit der Schneider lebe kann. Ja! Ja! Also! – Darum! auf daß! damit! oder aber, wenn er es nicht gethan hätte, aber darin sehen wir sei Weisheit, daß auch die viehische Schöpfung das menschliche Ansehen hätte, weil die Menschheit sonst das Viehische aufgefressen hätte. Dießer Säugling, dießes schwach, hülflos Geschöpf, jener Säugling,
Laßt uns jezt über das Kreuz pissen, damit ein Jud stirbt.

Brandwein das ist mein Leben,
Brandwein giebt Courage.

[5] UNTEROFFICIER. TAMBOURMAJOR

UNTEROFFICIER. Halt, jezt. Siehst du sie! Was n' Weibsbild.
TAMBOURMAJOR. Teufel, zum Fortpflanzen von Kürassierregimenter und zur Zucht von Tambourmajors!
UNTEROFFICIER. Wie sie den Kopf trägt, man meint das schwarz Haar müßt sie abwärts ziehn, wie ein Gewicht, und Auge, schwarz …
TAMBOURMAJOR. Als ob man in ein Ziehbrunn oder zu eim Schornstein hinabguckt. Fort hinte drein.
LOUISEL. Was Lichter, mei Auge!
FRANZ. Ja de Brandwein, ein Faß schwarz Katze mit feurige Auge. Hey, was n' Abend.

[6] WOYZECK. DOCTOR

DOCTOR. Was erleb' ich, Woyzeck? Ein Mann von Wort? Er! Er! Er!
WOYZECK. Was denn Herr Doctor?
DOCTOR. Ich es gesehn hab', Er auf die Straß gepißt hat, wie ein Hund. Geb' ich Ihm dafür alle Tag 3 Groschen und Kost? Die Welt wird schlecht, sehr schlecht, schlecht, sag' ich. O! Woyzeck das ist schlecht.
WOYZECK. Aber Herr Doctor wenn man nit anders kann?
DOCTOR. Nit anders kann, nit anders kann. Aberglaube, abscheulicher Aberglaube! hab' ich nit nachgewiese, daß der musculus constrictor vesicae dem Willen unterworfen ist? Woyzeck der Mensch ist frei, im Menschen verklärt sich die Individualität zur Freiheit – seinen Harn nicht halten können! Es ist Betrug Woyzeck. Hat Er schon seine Erbsen gegessen?

nichts als Erbsen, nichts als Hülsenfrüchte, cruciferae, merk' Er sich's. Die nächste Woche fangen wir dann mit Hammelfleisch an. Muß Er nicht aufs secret? Mach Er. Ich sag's Ihm. Es giebt eine Revolution in der Wissenschaft. Eine Revolution! Nach gestrigem Bericht, 0,10 Harnstoff, und salzsaures Ammonium, ⟨unleserlich⟩.

Aber ich hab's gesehn, daß Er an die Wand pißte, ich steckt gerad meinen Kopf hinaus, zwischen meiner Valnessia und Myan ⟨unleserlich⟩. Hat Er mir Frösch gefange? Hat Er Laich? Kein Süßwasserpolyp? keine Hydra? Vestillen? Cristatellen? Stoß Er mir nicht an's Mikroskop, ich hab eben den linken Backzahn von einem Infusionsthier darunter. Ich sprenge sie in die Luft, alle miteinander. Woyzeck, keine Spinneneier, keine Kröten? Aber an die Wand gepißt! Ich hab's gesehen. *Tritt auf ihn los.* Nein Woyzeck, ich ärgre mich nicht, ärgern ist ungesund, ist unwissenschaftlich. Ich bin ruhig, ganz ruhig und ich sag's Ihm mit der größten Kaltblütigkeit. Behüte wer wird sich über einen Menschen ärgern! einen Menschen. Wenn es noch ein Proteus wäre, der einem krepirt! Aber Er hätte doch nicht an die Wand pissen sollen.

WOYZECK. Ja die Natur, Herr Doctor wenn die Natur aus ist.
DOCTOR. Was ist das wenn die Natur aus ist?
WOYZECK. Wenn die Natur aus ist, das ist, wenn die Natur aus ist! Wenn die Welt so finster wird, daß man mit den Händen an ihr herumtappen muß, daß man meint sie verrinnt zu Spinnweb! Das ist, so wenn etwas ist und doch nicht ist. Wenn alles dunkel ist und nur noch ein rother Schein im Westen, wie von einer Esse. Wenn – *schreitet im Zimmer auf und ab.*
DOCTOR. Kerl Er tastet mit seinen Füßen herum, wie mit Spinnfüßen.
WOYZECK *steht ganz starr*. Haben Sie schon die Ringe von den Schwämmen auf dem Boden gesehn? lange Linien, krumme Kreise, Figuren, da steckt's! da! Wer das lesen könnte.
Wenn die Sonn im hellen Mittag steht und es ist als müsse die Welt auflodern. Hören Sie Nichts? Ich meine dann als die

Welt spricht, sehen Sie, die langen Linien, und ist als ob es einen mit fürchterlicher Stimme anredete.

DOCTOR. Woyzeck! Er kommt ins Narrenhaus, Er hat eine schöne fixe Idee, eine köstliche alienatio mentis, seh' Er mich an, was soll Er thun? Erbschen essen, dann Hammelfleisch essen, sein Gewehr putzen, das weiß Er Alles und da zwischen die fixen Ideen, die W ⟨unleserlich⟩, das ist brav Woyzeck, Er bekommt ein Groschen Zulage die Woche, meine Theorie, meine neue Theorie, kühn, ewig jugendlich. Woyzeck, ich werde unsterblich. Zeig' Er sein Puls, ich muß Ihm morgens und Abends den Puls fühlen.

7 STRASSE

Hauptmann. Doctor.
Hauptmann keucht die Straße herunter, hält an, keucht, sieht sich um.

HAUPTMANN. Wohin so eilig geehrtester Herr Sargnagel?

DOCTOR. Wohin so langsam geehrtester Herr Exercirzagel?

HAUPTMANN. Nehmen Sie sich Zeit werthester Grabstein.

DOCTOR. Ich stehle meine Zeit nicht wie Sie werthester

HAUPTMANN. Laufen Sie nicht so Herr Doctor, ein guter Mensch geht nicht so schnell. Hahaha, ein guter Mensch, *schnauft* ein guter Mensch, Sie hetzen sich ja hinter dem Tod drein, Sie machen mir ganz Angst.

DOCTOR. Pressirt, Herr Hauptmann presskt.

HAUPTMANN. Herr Sargnagel, Sie schleifen sich ja so Ihre kleinen Beine ganz auf dem Pflaster ab. Reiten Sie doch nicht auf ihrem Stock in die Luft.

DOCTOR. Sie ist in 4 Wochen todt, via coronar congestionis, im siebenten Monat, ich hab' schon 20 solche Patienten gehabt, in 4 Wochen, richt Sie sich danach.

HAUPTMANN. Herr Doctor, erschrecken Sie mich nicht, es sind schon Leute am Schreck gestorben, am puren hellen Schreck.

DOCTOR. In 4 Wochen, dummes Thier, Sie giebt ein interessant's Präparat. Ich sag Ihr, 4
HAUPTMANN. Daß dich das Wetter, ich halt Sie Herr Flegel, ich laß Sie nicht Teufel. 4 Wochen? Herr Doctor, Sargnagel, Todtenhemd, ich leb so lang ich da bin, 4 Wochen, und die Leute Citron in den Händen, aber sie werden sagen, er war ein guter Mensch, ein guter Mensch.

DOCTOR. Ey guten Morgen Herr Hauptmann. *Den Hut und Stock schwingend.* Kikeriki! Freut mich! Freut mich! *Hält ihm den Hut hin.* Was ist das Herr Hauptmann? Das ist Hohlkopf. Ha?
HAUPTMANN *macht eine Falte.* Was ist das Herr Doctor? Das ist n'e Einfalt! Hahaha! Aber nichts für ungut. Ich bin ein guter Mensch – aber ich kann auch wenn ich will Herr Doctor, hahaha, wenn ich will. He Woyzeck, was hetzt Er sich so an uns vorbey? Bleib Er doch Woyzeck, Er läuft ja wie ein offnes Rasirmesser durch die Welt, man schneidt sich an Ihm, Er läuft als hätt Er ein Regiment Kastrirte zu rasirn und würd gehenkt über dem letzten Haar noch vorm Verschwinden – aber, über die langen Bärte, was wollt ich doch sagen? Woyzeck – die langen Bärte ...
DOCTOR. Ein langer Bart unter dem Kinn, schon Plinius spricht davon, man muß es den Soldaten abgewöhnen, du, du ...
HAUPTMANN *fährt fort.* Hä? über die langen Bärte? Wie is Woyzeck, hat Er noch nicht ein Haar aus eim Bart in seiner Schüssel gefunden? He, Er versteht mich doch, ein Haar von einem Menschen, vom Bart eines sapeur, eines Unterofficier, eines – eines Tambourmajor? He Woyzeck? Aber Er hat eine brave Frau. Geht Ihm nicht wie andern.
WOYZECK. Ja wohl! Was wollen Sie sagen Herr Hauptmann?
HAUPTMANN. Was der Kerl ein Gesicht macht! er steckt ⟨unleserlich⟩ in den Himmel nein, muß nun auch nicht in der Suppe seyn, aber wenn Er sich eilt und um die Eck geht, so kann Er vielleicht noch auf Paar Lippen eins finden, ein

Paar Lippen, Woyzeck, ich habe auch die Liebe gefühlt, Woyzeck.

Kerl Er ist ja kreideweiß.

WOYZECK. Herr, Hauptmann, ich bin ein arm Teufel, – und hab sonst nichts auf der Welt Herr Hauptmann, wenn Sie Spaß machen –

HAUPTMANN. Spaß ich, daß dich Spaß, Kerl!

DOCTOR. Den Puls Woyzeck, den Puls, klein, hart, hüpfend, unregelmäßig.

WOYZECK. Herr Hauptmann, die Erd ist höllenheiß, mir eiskalt! eiskalt, die Hölle ist kalt, wollen wir wetten. Unmöglich, Mensch! Mensch! unmöglich.

HAUPTMANN. Kerl, will Er erschossen werden, will Er ein Paar Kugeln vor den Kopf haben? Er ersticht mich mit seinen Augen, und ich mein's gut mit Ihm, weil Er ein guter Mensch ist Woyzeck, ein guter Mensch.

DOCTOR. Gesichtsmuskeln starr, gespannt, zuweilen hüpfend, Haltung aufgerichtet, gespannt.

WOYZECK. Ich geh! Es ist viel möglich. Der Mensch! es ist viel möglich. Wir habe schön Wetter Herr Hauptmann. Sehn Sie so ein schön, festen groben Himmel, man könnte Lust bekomm, ein Kloben hineinzuschlagen und sich daran zu hänge, nur wege des Gedankenstrichels zwischen Ja, und wieder ja – und nein, Herr, Herr Hauptmann ja und nein? Ist das Nein am Ja oder das Ja am Nein Schuld? Ich will drüber nachdenke. *Geht mit breiten Schritten ab, erst langsam dann immer schneller.*

DOCTOR *schießt ihm nach.* Phänomen, Woyzeck, Zulage.

HAUPTMANN. Mir wird ganz schwindlich vor den Menschen, wie schnell, der lange Schlingel greift aus, es läuft der Schatten von einem Spinnbein, und der Kurze, – das zuckelt. Der Lange ist der Blitz und der Kleine der Donner. Haha, hinterdrein. Das hab' ich nicht gern! ein guter Mensch ist ⟨unleserlich⟩ und hat sein Leben lieb, ein guter Mensch hat keine courage nicht! ein Hundsfott hat courage! Ich bin blos in Krieg gegangen um mich in meiner Liebe zum Leben zu befestigen. Von d. ⟨unleserlich⟩ zu Fuß, von da zum ⟨unleserlich⟩, von da zur courage, wie man zu so Was kommt. Grotesk! grotesk!

| 8 | WOYZECK. LOUISEL

LOUISEL. Gute Tag Franz.
FRANZ *sie betrachtend.* Ach bist du's auch! Ey wahrhaftig! nein man sieht nichts, man müßt's doch sehen! Louisel du bist schön!
LOUISEL. Was siehst du so sonderbar Franz, ich fürcht mich.
FRANZ. Was eine schöne Straße, man läuft sich Leichdörn, es ist gut auf der Gasse stehn, und in Gesellschaft auch gut.
LOUISEL. Gesellschaft?
FRANZ. Es gehn viel Leut durch die Gass, nicht wahr? und du kannst reden mit wem du willst, was geht das mich an! Hat er da gestanden? da? da? grad so bey dir? so? Ich wollt ich wär er gewesen.
LOUISEL. Ey, er? Ich kann die Leut die Straße nicht verbieten und wehrn, daß sie ihr Maul mitnehm wenn sie durchgehn.
FRANZ. Und die Lippe nicht zu Haus lasse. Es wär Schade sie sind so schön! Aber die Wespen setzen sich gern drauf.
LOUISEL. Und was ne Wesp hat dich gestoche? du siehst so verrückt aus wie n'e Kuh, die die Hornisse jagt.
FRANZ. Mensch! *Geht auf sie los.*
LOUISEL. Rühr mich an Franz! Ich hätt lieber ein Messer in de Leib, als dei Hand auf meine. Mei Vater hat mich nicht angreifen gewagt, wie ich 10 Jahr alt war, wenn ich ihn ansah.
FRANZ. Weib! – Nein es müßte was an dir seyn! Jeder Mensch ist ein Abgrund, es schwindelt einem, wenn man hinabsieht. Es wäre! Sie geht wie die Unschuld. Nun Unschuld du hast ein Zeichen an dir. Weiß ich's? Weiß ich's? Wer weiß es?

[9] LOUISEL ALLEIN. GEBET

Und ist kein Betrug in seinem Munde erfunden. Herr Gott!

Woyzeck
Verstreute Bruchstücke

| 1 | DER HOF DES PROFESSORS

Studenten unten, der Professor am Dachfenster.
PROFESSOR. Meine Herrn, ich bin auf dem Dach, wie David, als er die Bathseba sah; aber ich sehe nichts als die culs de Paris der Mädchenpension im Garten trocknen. Meine Herrn wir sind an der wichtigen Frage über das Verhältniß des Subjects zum Object. Wenn wir nur eins von den Dingen nehmen, worin sich die organische Selbstaffirmation des Göttlichen, auf einem so hohen Standpunkte manifestirt und ihr Verhältniß zum Raum, zur Erde, zum Planetarischen untersuchen, meine Herrn, wenn ich dieße Katze zum Fenster hinauswerfe, wie wird dieße Wesenheit sich zum centrum gravitationis und dem eigenen Instinct verhalten? He Woyzeck, *brüllt* Woyzeck!
WOYZECK. Herr Professor sie beißt.
PROFESSOR. Kerl, er greift die Bestie so zärtlich an, als wär's seine Großmutter.
WOYZECK. Herr Doctor ich hab's Zittern.
DOCTOR *ganz erfreut.* Ey, ey, schön Woyzeck. *Reibt sich die Hände. Er nimmt die Katze.* Was seh' ich meine Herrn, die neue Species Hasenlaus, eine schöne Species, wesentlich verschieden, enfoncé, der Herr Doctor *er zieht eine Loupe heraus* Ricinus, meine Herren – *die Katze läuft fort.* Meine Herrn, das Thier hat keinen wissenschaftlichen Instinct. Ricinus, herauf, die schönsten Exemplare, bringen Sie ihre Pelzkragen. Meine Herrn, Sie können dafür was anders sehen, sehn Sie, der Mensch, seit einem Vierteljahr ißt er nichts als Erbsen, beachten Sie die Wirkung, fühlen Sie einmal was ein ungleicher Puls, da und die Augen.
WOYZECK. Herr Doctor es wird mir dunkel. *Er setzt sich.*
DOCTOR. *Courage!* Woyzeck noch ein Paar Tage, und dann ist's

fertig, fühlen Sie meine Herrn fühlen Sie. *Sie betasten ihm Schläfe, Puls und Busen.*
à propos, Woyzeck, beweg den Herrn doch einmal die Ohren, ich hab es Ihnen schon zeigen wollen. Zwei Muskeln sind bey ihm thätig. Allons frisch!

WOYZECK. Ach Herr Doctor!

DOCTOR. Bestie, soll ich dir die Ohren bewegen, willst du's machen wie die Katze! So meine Herrn, das sind so Uebergänge zum Esel, häufig auch in Folge weiblicher Erziehung und die Muttersprache. Wieviel Haare hat dir die Mutter zum Andenken schon ausgerissen aus Zärtlichkeit? Sie sind dir ja ganz dünn geworden, seit ein Paar Tagen, ja die Erbsen, meine Herren.

2 DER IDIOT. DAS KIND. WOYZECK

KARL *hält das Kind vor sich auf dem Schooß.* Der is in's Wasser gefallen, der is in's Wasser gefalln, wie, der is in's Wasser gefalln.

WOYZECK. Bub, Christian.

KARL *sieht ihn starr an.* Der is in's Wasser gefalln.

WOYZECK *will das Kind liebkosen, es wendet sich weg und schreit.* Herrgott!

KARL. Der is in's Wasser gefalln.

WOYZECK. Christianche, du bekommst en Reuter, sa, sa. *Das Kind wehrt sich. Zu Karl.* Da kauf dem Bub en Reuter.

KARL *sieht ihn starr an.*

WOYZECK. Hop! hop! Roß.

KARL *jauchzend.* Hop! hop! Roß! Roß! *Läuft mit dem Kind weg.*

Woyzeck
Vorläufige Reinschrift

| 1 | FREIES FELD. DIE STADT IN DER FERNE

Woyzeck und Andres schneiden Stöcke im Gebüsch.
WOYZECK. Ja Andres; den Streif da über das Gras hin, da rollt Abends der Kopf, es hob ihn einmal einer auf, er meint' es wär' ein Igel. Drei Tag und drei Nächt und er lag auf den Hobelspänen *leise* Andres, das waren die Freimaurer, ich hab's, die Freimaurer, still!
ANDRES *singt.* Saßen dort zwei Hasen,
Fraßen ab das grüne, grüne Gras …
WOYZECK. Still! Es geht was!
ANDRES. Fraßen ab das grüne, grüne Gras
Bis auf den Rasen.
WOYZECK. Es geht hinter mir, unter mir *stampft auf den Boden* hohl, hörst du? Alles hohl da unten. Die Freimaurer!
ANDRES. Ich fürcht mich.
WOYZECK. S' ist so kurios still. Man möcht den Athem halten. Andres!
ANDRES. Was?
WOYZECK. Red was! *Starrt in die Gegend.* Andres! Wie hell! Ein Feuer fährt um den Himmel und ein Getös herunter wie Posaunen. Wie's heraufzieht! Fort. Sieh nicht hinter dich. *Reißt ihn in's Gebüsch.*
ANDRES *nach einer Pause.* Woyzeck! hörst du's noch?
WOYZECK. Still, Alles still, als wär die Welt todt.
ANDRES. Hörst du? Sie trommeln drin. Wir müssen fort.

2 | MARIE MIT IHREM KIND AM FENSTER. MARGRETH

Der Zapfenstreich geht vorbey, der Tambourmajor voran.
MARIE *das Kind wippend auf dem Arm.* He Bub! Sa ra ra ra! Hörst? Da komme sie.
MARGRETH. Was ein Mann, wie ein Baum.
MARIE. Er steht auf seinen Füßen wie ein Löw.
Tambourmajor grüßt.
MARGRETH. Ey, was freundliche Auge, Frau Nachbarin, so was is man an ihr nit gewöhnt.
MARIE *singt.*
        Soldaten das sind schöne Bursch …
MARGRETH. Ihre Auge glänze ja noch.
MARIE. Und wenn! Trag Sie Ihre Auge zum Jud und laß Sie sie putze, vielleicht glänze sie noch, daß man sie für zwei Knöpf verkaufe könnt.
MARGRETH. Was Sie? Sie? Frau Jungfer, ich bin eine honette Person, aber Sie, Sie guckt 7 Paar lederne Hose durch.
MARIE. Luder! *Schlägt das Fenster zu.* Komm mein Bub. Was die Leut wollen. Bist doch nur en arm Hurenkind und machst deiner Mutter Freud mit deim unehrliche Gesicht. Sa! Sa!
  Singt.   Mädel, was fangst du jezt an?
        Hast ein klein Kind und kein Mann.
        Ey was frag ich danach,
        Sing ich die ganze Nacht
        Heyo popeio mein Bu. Juchhe!
        Giebt mir kein Mensch nix dazu.

        Hansel spann deine sechs Schimmel an,
        Gieb ihn zu fresse auf's neu.
        Kein Haber fresse sie,
        Kein Wasser saufe sie,
        Lauter kühle Wein muß es seyn. Juchhe!
        Lauter kühle Wein muß es seyn.

Es klopft am Fenster.
MARIE. Wer da? Bist du's Franz? Komm herein!
WOYZECK. Kann nit. Muß zum Verles.
MARIE. Was hast du Franz?
WOYZECK *geheimnißvoll*. Marie, es war wieder was, viel, steht nicht geschrieben: und sieh da ging ein Rauch vom Land, wie der Rauch vom Ofen?
MARIE. Mann!
WOYZECK. Es ist hinter mir gegangen bis vor die Stadt. Was soll das werden?
MARIE. Franz!
WOYZECK. Ich muß fort. *Er geht.*
MARIE. Der Mann! So vergeistert. Er hat sein Kind nicht angesehn. Er schnappt noch über mit den Gedanken. Was bist so still, Bub? Furchst' dich? Es wird so dunkel, man meint, man wär blind. Sonst scheint doch als die Latern herein. Ich halt's nicht aus. Es schauert mich. *Geht ab.*

| 3 | BUDEN. LICHTER. VOLK

| 4 | MARIE SIZT, IHR KIND AUF DEM SCHOOSS,
EIN STÜCKCHEN SPIEGEL IN DER HAND

MARIE *bespiegelt sich.* Was die Steine glänze! Was sind's für? Was hat er gesagt? – Schlaf Bub! Drück die Auge zu, fest, *das Kind versteckt die Augen hinter den Händen* noch fester, bleib so, still oder er holt dich.
Singt. Mädel mach's Ladel zu,
S' kommt e Zigeunerbu,
Führt dich an deiner Hand
Fort in's Zigeunerland.
Spiegelt sich wieder. S' ist gewiß Gold! Unseins hat nur ein Eckchen in der Welt und ein Stückchen Spiegel und doch

hab' ich einen so rothen Mund als die großen Madamen mit ihren Spiegeln von oben bis unten und ihren schönen Herrn, die ihnen die Händ küssen, ich bin nur ein arm Weibsbild. – *Das Kind richtet sich auf.* Still Bub, die Auge zu, das Schlafengelchen! wie's an der Wand läuft, *sie blinkt mit dem Glas* die Auge zu, oder es sieht dir hinein, daß du blind wirst.

Woyzeck tritt herein, hinter sie.
Sie fährt auf mit den Händen nach den Ohren.
WOYZECK. Was hast du?
MARIE. Nix.
WOYZECK. Unter deinen Fingern glänzt's ja.
MARIE. Ein Ohrringlein; hab's gefunden.
WOYZECK. Ich hab so noch nix gefunden. Zwei auf einmal.
MARIE. Bin ich ein Mensch?
WOYZECK. S' ist gut, Marie. – Was der Bub schläft. Greif ihm unter's Aermchen der Stuhl drückt ihn. Die hellen Tropfen steh'n ihm auf der Stirn; Alles Arbeit unter der Sonn, sogar Schweiß im Schlaf. Wir arme Leut! Da is wieder Geld Marie, die Löhnung und was von mein'm Hauptmann.
MARIE. Gott vergelt's Franz.
WOYZECK. Ich muß fort. Heut Abend, Marie. Adies.
MARIE *allein, nach einer Pause.* Ich bin doch ein schlecht Mensch. Ich könnt' mich erstechen. – Ach! Was Welt? Geht doch Alles zum Teufel, Mann und Weib.

5 | DER HAUPTMANN. WOYZECK

Hauptmann auf einem Stuhl, Woyzeck rasirt ihn.
HAUPTMANN. Langsam, Woyzeck, langsam; ein's nach dem andern. Er macht mir ganz schwindlich. Was soll ich dann mit den zehn Minuten anfangen, die Er heut zu früh fertig wird? Woyzeck, bedenk' Er, Er hat noch seine schöne dreißig Jahr

zu leben, dreißig Jahr! macht 360 Monate, und Tage, Stunden, Minuten! Was will Er denn mit der ungeheuren Zeit all anfangen? Theil Er sich ein, Woyzeck.

WOYZECK. Ja wohl, Herr Hauptmann.

HAUPTMANN. Es wird mir ganz angst um die Welt, wenn ich an die Ewigkeit denke. Beschäftigung, Woyzeck, Beschäftigung! ewig das ist ewig, das ist ewig, das siehst du ein; nun ist es aber wieder nicht ewig und das ist ein Augenblick, ja, ein Augenblick – Woyzeck, es schaudert mich, wenn ich denk, daß sich die Welt in einem Tag herumdreht, was n'e Zeitverschwendung, wo soll das hinaus? Woyzeck, ich kann kein Mühlrad mehr sehn, oder ich werd' melancholisch.

WOYZECK. Ja wohl, Herr Hauptmann.

HAUPTMANN. Woyzeck Er sieht immer so verhetzt aus. Ein guter Mensch thut das nicht, ein guter Mensch, der sein gutes Gewissen hat. – Red' Er doch was Woyzeck. Was ist heut für Wetter?

WOYZECK. Schlimm, Herr Hauptmann, schlimm; Wind.

HAUPTMANN. Ich spür's schon, s' ist so was Geschwindes draußen; so ein Wind macht mir den Effect wie eine Maus. *Pfiffig.* Ich glaub' wir haben so was aus Süd-Nord.

WOYZECK. Ja wohl, Herr Hauptmann.

HAUPTMANN. Ha! ha! ha! Süd-Nord! Ha! Ha! Ha! O Er ist dumm, ganz abscheulich dumm. *Gerührt.* Woyzeck, Er ist ein guter Mensch, ein guter Mensch – aber *mit Würde* Woyzeck, Er hat keine Moral! Moral das ist wenn man moralisch ist, versteht Er. Es ist ein gutes Wort. Er hat ein Kind, ohne den Segen der Kirche, wie unser hochehrwürdiger Herr Garnisonsprediger sagt, ohne den Segen der Kirche, es ist nicht von mir.

WOYZECK. Herr Hauptmann, der liebe Gott wird den armen Wurm nicht drum ansehn, ob das Amen drüber gesagt ist, eh' er gemacht wurde. Der Herr sprach: Lasset die Kindlein zu mir kommen.

HAUPTMANN. Was sagt Er da? Was ist das für n'e kuriose Antwort? Er macht mich ganz confus mit seiner Antwort. Wenn ich sag: Er, so mein ich Ihn, Ihn.

WOYZECK. Wir arme Leut. Sehn Sie, Herr Hauptmann, Geld, Geld. Wer kein Geld hat. Da setz eimal einer seinsgleichen auf die Moral in die Welt. Man hat auch sein Fleisch und Blut. Unseins ist doch einmal unseelig in der und der andern Welt, ich glaub' wenn wir in Himmel kämen so müßten wir donnern helfen.

HAUPTMANN. Woyzeck Er hat keine Tugend, Er ist kein tugendhafter Mensch. Fleisch und Blut? Wenn ich am Fenster lieg, wenn's geregnet hat und den weißen Strümpfen so nachsehe wie sie über die Gassen springen, – verdammt Woyzeck, – da kommt mir die Liebe. Ich hab auch Fleisch und Blut. Aber Woyzeck, die Tugend, die Tugend! Wie sollte ich dann die Zeit herumbringen? ich sag' mir immer: Du bist ein tugendhafter Mensch, *gerührt* ein guter Mensch, ein guter Mensch.

WOYZECK. Ja Herr Hauptmann, die Tugend! ich hab's noch nicht so aus. Sehn Sie, wir gemeine Leut, das hat keine Tugend, es kommt einem nur so die Natur, aber wenn ich ein Herr wär und hätt ein Hut und eine Uhr und eine anglaise und könnt vornehm reden, ich wollt schon tugendhaft seyn. Es muß was Schöns seyn um die Tugend, Herr Hauptmann. Aber ich bin ein armer Kerl.

HAUPTMANN. Gut Woyzeck. Du bist ein guter Mensch, ein guter Mensch. Aber du denkst zuviel, das zehrt, du siehst immer so verhetzt aus. Der Diskurs hat mich ganz angegriffen. Geh' jezt und renn nicht so; langsam hübsch langsam die Straße hinunter.

6 MARIE. TAMBOUR-MAJOR

TAMBOUR-MAJOR. Marie!
MARIE *ihn ansehend, mit Ausdruck.* Geh' einmal vor dich hin. – Ueber die Brust wie ein Rind und ein Bart wie ein Löw – So ist keiner – Ich bin stolz vor allen Weibern.
TAMBOUR-MAJOR. Wenn ich am Sonntag erst den großen Federbusch hab' und die weiße Handschuh, Donnerwetter, Marie, der Prinz sagt immer: Mensch, Er ist ein Kerl.
MARIE *spöttisch.* Ach was! *Tritt vor ihn hin.* Mann!
TAMBOUR-MAJOR. Und du bist auch ein Weibsbild. Sapperment, wir wollen eine Zucht von Tambour-Majors anlegen. He? *Er umfaßt sie.*
MARIE *verstimmt.* Laß mich!
TAMBOUR-MAJOR. Wild Thier.
MARIE *heftig.* Rühr mich an!
TAMBOUR-MAJOR. Sieht dir der Teufel aus den Augen?
MARIE. Meintwegen. Es ist Alles eins.

7 MARIE. WOYZECK

FRANZ *sieht sie starr an, schüttelt den Kopf.* Hm! Ich seh nichts, ich seh nichts. O, man müßt's sehen, man müßt's greifen könne mit Fäusten.
MARIE *verschüchtert.* Was hast du Franz? Du bist hirnwüthig Franz.
FRANZ. Eine Sünde so dick und so breit. Es stinkt daß man die Engelchen zum Himmel hinaus rauche könnt. Du hast ein rothe Mund, Marie. Keine Blase drauf? Adieu, Marie, du bist schön wie die Sünde –. Kann die Todsünde so schön seyn?
MARIE. Franz, du red'st im Fieber.
FRANZ. Teufel! – Hat er da gestande, so, so?
MARIE. Dieweil der Tag lang und die Welt alt ist, könn' viel Mensche an eim Plaz stehn, einer nach dem andern.

WOYZECK. Ich hab ihn gesehn.
MARIE. Man kann viel sehn, wenn man 2 Auge hat und man nicht blind ist und die Sonn scheint.
WOYZECK. Mit dießen Augen!
MARIE *keck.* Und wenn auch.

8 WOYZECK. DER DOCTOR

DOCTOR. Was erleb' ich Woyzeck? Ein Mann von Wort.
WOYZECK. Was denn Herr Doctor?
DOCTOR. Ich hab's gesehn Woyzeck; Er hat auf die Straß gepißt, an die Wand gepißt wie ein Hund. Und doch 2 Groschen täglich. Woyzeck das ist schlecht. Die Welt wird schlecht, sehr schlecht.
WOYZECK. Aber Herr Doctor, wenn einem die Natur kommt.
DOCTOR. Die Natur kommt, die Natur kommt! Die Natur! Hab' ich nicht nachgewiesen, daß der musculus constrictor vesicae dem Willen unterworfen ist? Die Natur! Woyzeck, der Mensch ist frei, in dem Menschen verklärt sich die Individualität zur Freiheit. Den Harn nicht halten können! *Schüttelt den Kopf, legt die Hände auf den Rücken und geht auf und ab.* Hat Er schon seine Erbsen gegessen, Woyzeck? – Es giebt eine Revolution in der Wissenschaft, ich sprenge sie in die Luft. Harnstoff 0,10, salzsaures Ammonium, Hyperoxydul. Woyzeck muß Er nicht wieder pissen? geh' Er eimal hinein und probir Er's.
WOYZECK. Ich kann nit Herr Doctor.
DOCTOR *mit Affect.* Aber an die Wand pissen! Ich hab's schriftlich, den Akkord in der Hand. Ich hab's gesehn, mit dießen Augen gesehn, ich steckt grade die Nase zum Fenster hinaus und ließ die Sonnstrahlen hineinfallen, um das Niesen zu beobachten. *Tritt auf ihn los.* Nein Woyzeck, ich ärgre mich nicht, Ärger ist ungesund, ist unwissenschaftlich. Ich bin ruhig ganz ruhig, mein Puls hat seine gewöhnlichen 60 und ich

sag's Ihm mit der größten Kaltblütigkeit. Behüte wer wird sich über einen Menschen ärgern, ein Menschen! Wenn es noch ein proteus wäre, der einem krepirt! Aber Er hätte doch nicht an die Wand pissen sollen –

WOYZECK. Sehn Sie Herr Doctor, manchmal hat einer so n'en Character, so n'e Structur. – Aber mit der Natur ist's was anders, sehn Sie mit der Natur *er kracht mit den Fingern* das ist so was, wie soll ich doch sagen, zum Beispiel …

DOCTOR. Woyzeck, Er philosophirt wieder.

WOYZECK *vertraulich.* Herr Doctor haben Sie schon was von der doppelten Natur gesehn? Wenn die Sonn in Mittag steht und es ist als ging die Welt in Feuer auf hat schon eine fürchterliche Stimme zu mir geredt!

DOCTOR. Woyzeck, Er hat eine aberratio.

WOYZECK *legt den Finger an die Nase.* Die Schwämme Herr Doctor. Da, da steckts. Haben Sie schon gesehn in was für Figuren die Schwämme auf dem Boden wachsen? Wer das lesen könnt.

DOCTOR. Woyzeck Er hat die schönste aberratio mentalis partialis, die zweite Species, sehr schön ausgeprägt. Woyzeck Er kriegt Zulage. Zweite Species, fixe Idee, mit allgemein vernünftigem Zustand, Er thut noch Alles wie sonst, rasirt sein Hauptmann?

WOYZECK. Ja, wohl.

DOCTOR. Ißt sei Erbse?

WOYZECK. Immer ordentlich Herr Doctor. Das Geld für die Menage kriegt mei Frau.

DOCTOR. Thut sei Dienst?

WOYZECK. Ja wohl.

DOCTOR. Er ist ein interessanter casus. Subject Woyzeck Er kriegt Zulag. Halt Er sich brav. Zeig Er sei Puls! Ja.

9 | HAUPTMANN. DOCTOR

HAUPTMANN. Herr Doctor, die Pferde machen mir ganz Angst; wenn ich denke, daß die armen Bestien zu Fuß gehn müssen. Rennen Sie nicht so. Rudern Sie mit Ihrem Stock nicht so in der Luft. Sie hetzen sich ja hinter dem Tod drein. Ein guter Mensch, der sein gutes Gewissen hat, geht nicht so schnell. Ein guter Mensch. *Er erwischt den Doctor am Rock.* Herr Doctor erlauben Sie, daß ich ein Menschenleben rette, Sie schießen

Herr Doctor, ich bin so schwermüthig, ich habe so was Schwärmerisches, ich muß immer weinen, wenn ich meinen Rock an der Wand hängen sehe, da hängt er.

DOCTOR. Hm! aufgedunsen, fett, dicker Hals, apoplectische Constitution. Ja Herr Hauptmann Sie können eine apoplexia cerebralis kriegen, Sie können sie aber vielleicht auch nur auf der einen Seite bekommen, und dann auf der einen gelähmt seyn, oder aber Sie können im besten Fall geistig gelähmt werden und nur fort vegetiren, das sind so ohngefähr Ihre Aussichten auf die nächsten 4 Wochen. Übrigens kann ich Sie versichern, daß Sie einen von den interessanten Fällen abgeben und wenn Gott will, daß Ihre Zunge zum Theil gelähmt wird, so machen wir die unsterblichsten Experimente.

HAUPTMANN. Herr Doctor erschrecken Sie mich nicht, es sind schon Leute am Schreck gestorben, am bloßen hellen Schreck. – Ich seh schon die Leute mit den Citronen in den Händen, aber sie werden sagen, er war ein guter Mensch, ein guter Mensch – Teufel Sargnagel.

DOCTOR *hält ihm den Hut hin.* Was ist das Herr Hauptmann? Das ist Hohlkopf!

HAUPTMANN *macht eine Falte.* Was ist das Herr Doctor? Das ist Einfalt.

DOCTOR. Ich empfehle mich, geehrtester Herr Exercirzagel.

HAUPTMANN. Gleichfalls, bester Herr Sargnagel.

10 | DIE WACHSTUBE

Woyzeck. Andres.

ANDRES *singt.* Frau Wirthin hat n'e brave Magd,
Sie sitzt im Garten Tag und Nacht,
Sie sitzt in ihrem Garten ...
WOYZECK. Andres!
ANDRES. Nu?
WOYZECK. Schön Wetter.
ANDRES. Sonntagsonnwetter. Musik vor der Stadt. Vorhin sind die Weibsbilder hinaus, die Mensche dampfe, das geht.
WOYZECK *unruhig.* Tanz, Andres, sie tanze.
ANDRES. Im Rössel und im Sternen.
WOYZECK. Tanz, Tanz.
ANDRES. Meintwege.
Sie sitzt in ihrem Garten,
Bis daß das Glöcklein zwölfe schlägt,
Und paßt auf die Solda-aten.
WOYZECK. Andres, ich hab kei Ruh.
ANDRES. Narr!
WOYZECK. Ich muß hinaus. Es dreht sich mir vor den Augen. Tanz. Tanz. Was sie heiße Händ habe. Verdammt Andres!
ANDRES. Was willst du?
WOYZECK. Ich muß fort.
ANDRES. Mit dem Mensch.
WOYZECK. Ich muß hinaus, s' ist so heiß da hie.

11 | WIRTHSHAUS

Die Fenster offen, Tanz. Bänke vor dem Haus. Bursche.

1. HANDWERKSBURSCH.
Ich hab ein Hemdlein an das ist nicht mein,
Meine Seele stinkt nach Branndewein ...
2. HANDWERKSBURSCH. Bruder, soll ich dir aus Freundschaft ein

Loch in die Natur machen? Vorwärts! Ich will ein Loch in die Natur machen. Ich bin auch ein Kerl, du weißt, ich will ihm alle Flöh am Leib todt schlagen.

1. HANDWERKSBURSCH. Meine Seele, mei Seele stinkt nach Brandewein. Selbst das Geld geht in Verwesung über. Vergißmeinich! Wie ist dieße Welt so schön. Bruder, ich muß ein Regenfaß voll greinen. Ich wollt unse Nase wärn zwei Bouteille und wir könnte sie uns einander in de Hals gießen.

ANDRE *im Chor:*   Ein Jäger aus der Pfalz,
                    Ritt einst durch ein grünen Wald.
                    Halli, halloh, gar lustig ist die Jägerei
                    Allhier auf grüner Heid.
                    Das Jagen ist mei Freud.

Woyzeck stellt sich an's Fenster. Marie und der Tambourmajor tanzen vorbey, ohne ihn zu bemerken.

MARIE *im Vorbeytanzen.* Immer, zu, immer zu.

WOYZECK *erstickt.* Immer zu! – immer zu! *fährt heftig auf und sinkt zurück auf die Bank* immer zu immer zu, *schlägt die Hände in einander* dreht euch, wälzt euch. Warum bläßt Gott nicht die Sonn aus, daß Alles in Unzucht sich übernanderwälzt, Mann und Weib, Mensch und Vieh. Thut's am hellen Tag, thut's einem auf den Händen, wie die Mücken. – Weib. – Das Weib ist heiß, heiß! – Immer zu, immer zu. *Fährt auf.* Der Kerl! Wie er an ihr herumtappt, an ihrem Leib, er, er hat sie wie ich zu Anfang!

1. HANDWERKSBURSCH *predigt auf dem Tisch.* Jedoch wenn ein Wandrer, der gelehnt steht an dem Strom der Zeit oder aber sich die göttliche Weisheit beantwortet und sich anredet: Warum ist der Mensch? Warum ist der Mensch? – Aber wahrlich ich sage euch, von was hätte der Landmann, der Weißbinder, der Schuster, der Arzt leben sollen, wenn Gott den Menschen nicht geschaffen hätte? Von was hätte der Schneider leben sollen, wenn er dem Menschen nicht die Empfindung der Schaam eingepflanzt, von was der Soldat, wenn Er ihn

nicht mit dem Bedürfniß sich todtzuschlagen ausgerüstet hätte? Darum zweifelt nicht, ja ja, es ist lieblich und fein, aber Alles Irdische ist eitel, selbst das Geld geht in Verwesung über. – Zum Beschluß meine geliebten Zuhörer laßt uns noch über's Kreuz pissen, damit ein Jud stirbt.

12 | FREIES FELD

WOYZECK. Immer zu! immer zu! Still Musik! *Reckt sich gegen den Boden.* Ha was, was sagt ihr? Lauter, lauter, – stich, stich die Zickwolfin todt? stich, stich die Zickwolfin todt. Soll ich? Muß ich? Hör ich's da auch, sagt's der Wind auch? Hör ich's immer, immer zu, stich todt, todt.

13 | NACHT

Andres und Woyzeck in einem Bett.

WOYZECK *schüttelt Andres.* Andres! Andres! ich kann nit schlafe, wenn ich die Aug zumach, dreht sich's immer und ich hör die Geigen, immer zu, immer zu und dann spricht's aus der Wand, hörst du nix?

ANDRES. Ja, – laß sie tanze! Gott behüt uns, Amen. *Schläft wieder ein.*

WOYZECK. Es redt immer: stich! stich! und zieht mir zwischen den Augen wie ein Messer.

ANDRES. Du mußt Schnaps trinke und Pulver drin, das schneidt das Fieber.

14 WIRTHSHAUS

Tambour-Major. Woyzeck. Leute.
TAMBOUR-MAJOR. Ich bin ein Mann! *schlägt sich auf die Brust* ein Mann sag' ich.
Wer will was? Wer kein besoffen Herrgott ist der laß sich von mir. Ich will ihm die Nas ins Arschloch prügeln. Ich will – *zu Woyzeck* da Kerl, sauf, der Mann muß saufen, ich wollt die Welt wär Schnaps, Schnaps.
WOYZECK *pfeift.*
TAMBOUR-MAJOR. Kerl, soll ich dir die Zung aus dem Hals ziehe und sie um den Leib herumwickle? *Sie ringen, Woyzeck verliert.* Soll ich dir noch soviel Athem lassen als en Altweiberfurz, soll ich?
WOYZECK *sezt sich erschöpft zitternd auf die Bank.*
TAMBOUR-MAJOR. Der Kerl soll dunkelblau pfeifen.
      Ha. Brandewein das ist mein Leben,
      Brandwein giebt courage!
EINE. Der hat sei Fett.
ANDRE. Er blut.
WOYZECK. Eins nach dem andern.

15 WOYZECK. DER JUDE

WOYZECK. Das Pistolche ist zu theuer.
JUD. Nu, kauft's oder kauft's nit, was is?
WOYZECK. Was kost das Messer?
JUD. S' ist ganz, grad. Wollt Ihr Euch den Hals mit abschneide? Nu, was is es? Ich geb's Euch so wohlfeil wie ein andrer, Ihr sollt Euern Tod wohlfeil haben, aber doch nit umsonst. Was is es? Er soll neu ökonomischen Tod habe.
WOYZECK. Das kann mehr als Brod schneide.
JUD. Zwee Grosche.

WOYZECK. Da! *Geht ab.*
JUD. Da! Als ob's nichts wär. Und s' is doch Geld. Der Hund.

<blockquote>16 | MARIE. DER NARR</blockquote>

MARIE *blättert in der Bibel.* »Und ist kein Betrug in seinem Munde erfunden« – Herrgott! Herrgott! Sieh mich nicht an. *Blättert weiter.* »Aber die Pharisäer brachten ein Weib zu ihm, im Ehebruch begriffen und stelleten sie in's Mittel dar. – Jesus aber sprach: So verdamme ich dich auch nicht. Geh hin und sündige hinfort nicht mehr.« *Schlägt die Hände zusammen.* Herrgott! Herrgott! Ich kann nicht. Herrgott gieb mir nur soviel, daß ich beten kann. *Das Kind drängt sich an sie.* Das Kind giebt mir einen Stich in's Herz. Karl! Das brüst sich in der Sonne!

NARR *liegt und erzählt sich Mährchen an den Fingern.* Der hat die golden Kron, der Herr König. Morgen hol' ich der Frau Königin ihr Kind. Blutwurst sagt: komm Leberwurst! *Er nimmt das Kind und wird still.*

MARIE. Der Franz ist nit gekommen, gestern nit, heut nit, es wird heiß hier. *Sie macht das Fenster auf.*

»Und trat hinein zu seinen Füßen und weinete und fing an seine Füße zu netzen mit Thränen und mit den Haaren ihres Hauptes zu trocknen und küssete seine Füße und salbete sie mit Salben.« *Schlägt sich auf die Brust.* Alles todt! Heiland, Heiland ich möchte dir die Füße salben.

| 17 | CASERNE

Andres. Woyzeck kramt in seinen Sachen.
WOYZECK. Das Kamisolche Andres, ist nit zur Montur, du kannst's brauche Andres. Das Kreuz is meiner Schwester und das Ringlein, ich hab auch noch ein Heiligen, zwei Herze und schön Gold, es lag in meiner Mutter Bibel, und da steht:

> Leiden sey all mein Gewinst,
> Leiden sey mein Gottesdienst.
>
> Herr wie dein Leib war roth und wund,
> So laß mein Herz seyn aller Stund.

Mei Mutter fühlt nur noch, wenn ihr die Sonn auf die Händ scheint. Das thut nix.
ANDRES *ganz starr, sagt zu Allem:* Ja wohl.
WOYZECK *zieht ein Papier hervor.* Friedrich Johann Franz Woyzeck, Wehrmann, Füsilir im 2. Regiment, 2. Bataillon, 4. Compagnie, geb. d. i. ich bin heut alt 30 Jahr, 7 Monat und 12 Tage.
ANDRES. Franz, du kommst in's Lazareth. Armer du mußt Schnaps trinke und Pulver drin das tödt das Fieber.
WOYZECK. Ja Andres, wann der Schreiner die Hobelspän sammlet, es weiß niemand, wer sein Kopf drauf lege wird.

Woyzeck

Lesefassung

Erarbeitet von
Werner R. Lehmann

Personen

FRANZ WOYZECK
MARIE
CHRISTIAN, ihr Kind
HAUPTMANN
DOKTOR
PROFESSOR
TAMBOURMAJOR
UNTEROFFIZIER
ANDRES
MARGRETH
AUSRUFER einer Schaubude
ALTER MANN
DER JUDE
WIRT
ERSTER HANDWERKSBURSCH
ZWEITER HANDWERKSBURSCH
KARL, ein Idiot
KÄTHE
GROSSMUTTER
ERSTES KIND
ZWEITES KIND
ANDERES KIND
ERSTE PERSON
ZWEITE PERSON
GERICHTSDIENER
ARZT
RICHTER
Soldaten, Studenten, Leute, Mädchen und Kinder

⟨1⟩ FREIES FELD. DIE STADT IN DER FERNE

Woyzeck und Andres schneiden Stöcke im Gebüsch.
WOYZECK. Ja Andres; den Streif da über das Gras hin, da rollt Abends der Kopf, es hob ihn einmal einer auf, er meint es wär ein Igel. Drei Tag und drei Nächt und er lag auf den Hobelspänen, *(leise)* Andres, das waren die Freimaurer, ich hab's, die Freimaurer, still!
ANDRES *(singt).* Saßen dort zwei Hasen
  Fraßen ab das grüne, grüne Gras …
WOYZECK. Still! Es geht! Was!
ANDRES. Fraßen ab das grüne, grüne Gras
  Bis auf den Rasen.
WOYZECK. Es geht hinter mir, unter mir *(stampft auf den Boden)* hohl, hörst du? Alles hohl da unten. Die Freimaurer!
ANDRES. Ich fürcht mich.
WOYZECK. 's ist so kurios still. Man möcht den Atem halten. Andres!
ANDRES. Was?
WOYZECK. Red was! *(Starrt in die Gegend.)* Andres! Wie hell! Ein Feuer fährt um den Himmel und ein Getös herunter wie Posaunen. Wie's heraufzieht! Fort. Sieh nicht hinter dich. *(Reißt ihn in's Gebüsch.)*
ANDRES *(nach einer Pause).* Woyzeck! hörst du's noch?
WOYZECK. Still, Alles still, als wär die Welt tot.
ANDRES. Hörst du? Sie trommeln drin. Wir müssen fort.

⟨2⟩ MARIE MIT IHREM KIND AM FENSTER. MARGRETH

Der Zapfenstreich geht vorbei, der Tambourmajor voran.
MARIE *(das Kind wippend auf dem Arm).* He Bub! Sa ra ra ra! Hörst? Da komme sie.
MARGRETH. Was ein Mann, wie ein Baum.

MARIE. Er steht auf seinen Füßen wie ein Löw.
(Tambourmajor grüßt.)
MARGRETH. Ei, was freundliche Auge, Frau Nachbarin, so was is man an Ihr nit gewöhnt.
MARIE *(singt).* Soldaten das sind schöne Bursch ...
MARGRETH. Ihre Auge glänze ja noch.
MARIE. Und wenn! Trag Sie Ihr Auge zum Jud und laß Sie sie putze, vielleicht glänze sie noch, daß man sie für zwei Knöpf verkaufe könnt.
MARGRETH. Was Sie? Sie? Frau Jungfer, ich bin eine honette Person, aber Sie, Sie guckt siebe Paar lederne Hose durch.
MARIE. Luder! *(Schlägt das Fenster zu.)* Komm mein Bub. Was die Leut wollen. Bist doch nur en arm Hurenkind und machst deiner Mutter Freud mit deim unehrliche Gesicht. Sa! Sa!
(Singt.) Mädel, was fangst du jetzt an
Hast ein klein Kind und kein Mann.
Ei was frag ich danach
Sing ich die ganze Nacht
Heio popeio mein Bu. Juchhe!
Gibt mir kein Mensch nix dazu.

Hansel spann deine sechs Schimmel an
Gib ihn zu fresse auf's neu.
Kein Haber fresse sie
Kein Wasser saufe sie
Lauter kühle Wein muß es sein. Juchhe!
Lauter kühle Wein muß es sein.

(Es klopft am Fenster.)

MARIE. Wer da? Bist du's Franz? Komm herein!
WOYZECK. Kann nit. Muß zum Verles.
MARIE. Was hast du Franz?
WOYZECK *(geheimnisvoll).* Marie, es war wieder was, viel, steht nicht gschrieben, und sieh da ging ein Rauch vom Land, wie der Rauch vom Ofen?

MARIE. Mann!
WOYZECK. Es ist hinter mir gegangen bis vor die Stadt. Was soll das werden?
MARIE. Franz!
WOYZECK. Ich muß fort. *(Er geht.)*
MARIE. Der Mann! So vergeistert. Er hat sein Kind nicht angesehn. Er schnappt noch über mit den Gedanken. Was bist so still, Bub? Furchst dich? Es wird so dunkel, man meint, man wär blind. Sonst scheint als die Latern herein. Ich halt's nicht aus. Es schauert mich. *(Geht ab.)*

⟨3⟩ ÖFFENTLICHER PLATZ. BUDEN. LICHTER

ALTER MANN. KIND *(das tanzt)*.
    Auf der Welt ist kein Bestand.
    Wir müssen alle sterbe,
    das ist uns wohlbekannt!
WOYZECK. He! Hopsa! Arm Mann, alter Mann! Arm Kind! Junges Kind! Hei Marie, soll ich dich trage? Ein Mensch muß … damit er esse kann. Welt! Schön Welt!
AUSRUFER *(an einer Bude)*. Meine Herren. Meine Herren! Sehn Sie die Kreatur, wie sie Gott gemacht, nix, gar nix. Sehen Sie jetzt die Kunst, geht aufrecht, hat Rock und Hosen, hat ein Säbel! Ho! Mach Kompliment! So bist brav. Gib Kuß! *(Er trompetet.)* Michl ist musikalisch. Meine Herren, meine Damen, hier sind zu sehn das astronomische Pferd und die kleine Kanaillevogele, sind Liebling von alle Potentate Europas und Mitglied von alle gelehrte Sozietät; weissage de Leute Alles, wie alt, wieviel Kinder, was für Krankheit, schießt Pistol los, stellt sich auf ei Bein. Alles Erziehung, haben eine viehische Vernunft, oder vielmehr eine ganze vernünftige Viehigkeit, ist kei viehdummes Individuum wie viel Person, das verehrliche Publikum abgerechnet. Herein. Es wird sein die räpräsentation, das commencement vom commencement wird sogleich nehm sein Anfang.

Sehn Sie die Fortschritte der Zivilisation. Alles schreitet fort, ei Pferd, ei Aff, ei Kanaillevogel. Der Aff ist schon ei Soldat, s' ist noch nit viel, unterst Stuf von menschliche Geschlecht! Die räpräsentation anfangen! Man mackt Anfang von Anfang. Es wird sogleich sein das commencement von commencement.
WOYZECK. Willst du?
MARIE. Meinetwege. Das muß schön Dings sein. Was der Mensch Quasten hat und die Frau hat Hosen.

Unteroffizier. Tambourmajor.

UNTEROFFIZIER. Halt, jetzt. Siehst du sie! Was ei Weibsbild!
TAMBOURMAJOR. Teufel, zum Fortpflanze von Kürassierregimenter und zur Zucht von Tambourmajor.
UNTEROFFIZIER. Wie sie den Kopf trägt, man meint, das schwarze Haar müßt ihn abwärts ziehn, wie ei Gewicht, und Auge, schwarz ...
TAMBOURMAJOR. Als ob man in ein Ziehbrunn oder zu ein Schornstei hinunteguckt. Fort, hinte drein!
MARIE. Was Lichter!
WOYZECK. Ja ..., ei groß schwarze Katze mit feurige Auge. Hei, was 'n Abend!

Das Innere der Bude

AUSRUFER *(mit dressiertem Pferd).* Zeig dein Talent! Zeig dein viehische Vernünftigkeit! Bschäme die menschlich Sozietät! Mei Herre, dies Tier, was Sie da sehn, Schwanz am Leib, auf sei vier Hufe, ist Mitglied von alle gelehrte Sozietät, ist Professor an unsre Universität, wo die Studente bei ihm reiten und schlage lernen. Das war einfacher Verstand! Denk jetzt mit der doppelten raison. Was machst du wann du mit der doppelten Raison denkst? Ist unter der gelehrte Société da ein Esel? *(Der Gaul schüttelt den Kopf.)* Sehn Sie jetzt die doppelte Räson! Das ist Viehsionomik. Ja das ist kei vieh-

dummes Individuum, das ist ein Person! Ei Mensch, ei tierische Mensch und doch ei Vieh, ei bête. *(Das Pferd führt sich ungebührlich auf)* So bschäm die Société. Sehn Sie, das Vieh ist noch Natur, unverdorbe Natur! Lern Sie bei ihm. Fragen Sie den Arzt, es ist höchst schädlich! Das hat geheiße, Mensch sei natürlich, du bist geschaffe Staub, Sand, Dreck. Willst du mehr sein als Staub, Sand, Dreck? Sehn Sie, was Vernunft, es kann rechnen und kann doch nit an de Finger herzählen, warum? Kann sich nur nit ausdrücke, nur nit explizirn, ist ein verwandlter Mensch! Sag den Herrn, wieviel Uhr es ist. Wer von den Herrn und Damen hat ein Uhr, ein Uhr?
UNTEROFFIZIER. Eine Uhr! *(Zieht großartig und gemessen eine Uhr aus der Tasche.)* Da mein Herr.
MARIE. Das muß ich sehn. *(Sie klettert auf den 1. Platz. Tambourmajor hilft ihr.)*

⟨4⟩ KAMMER

Marie sitzt, ihr Kind auf dem Schoß, ein Stückchen Spiegel in der Hand.
MARIE *(bespiegelt sich).* Was die Steine glänze! Was sind's für? Was hat er gesagt? – Schlaf Bub! Drück die Auge zu, fest, *(das Kind versteckt die Augen hinter den Händen)* noch fester, bleib so, still oder er holt dich.
(Singt.)   Mädel mach's Ladel zu,
s' kommt e Zigeunerbu,
Führt dich an deiner Hand
Fort in's Zigeunerland.
(Spiegelt sich wieder.) s' ist gewiß Gold! Unsereins hat nur ein Eckchen in der Welt und ein Stückchen Spiegel, und doch hab' ich einen so roten Mund als die großen Madamen mit ihren Spiegeln von oben bis unten und ihren schönen Herrn, die ihnen die Händ küssen; ich bin nur ein arm Weibsbild. –

(Das Kind richtet sich auf.) Still Bub, die Auge zu, das Schlafengelchen! wie's an der Wand läuft, *(sie blinkt mit dem Glas)* die Auge zu, oder es sieht dir hinein, daß du blind wirst.

Woyzeck tritt herein, hinter sie.
Sie fährt auf mit den Händen nach den Ohren.

WOYZECK. Was hast du?
MARIE. Nix.
WOYZECK. Unter deinen Fingern glänzt's ja.
MARIE. Ein Ohrringlein; hab's gefunden.
WOYZECK. Ich hab so noch nix gefunden. Zwei auf einmal.
MARIE. Bin ich ein Mensch?
WOYZECK. s' ist gut, Marie. – Was der Bub schläft. Greif ihm unter's Ärmchen, der Stuhl drückt ihn. Die hellen Tropfen stehn ihm auf der Stirn; alles Arbeit unter der Sonn, sogar Schweiß im Schlaf. Wir arme Leut! Das is wieder Geld Marie, die Löhnung und was von mein'm Hauptmann.
MARIE. Gott vergelt's Franz.
WOYZECK. Ich muß fort. Heut Abend, Marie. Adies.
MARIE *(allein, nach einer Pause)*. Ich bin doch ein schlecht Mensch. Ich könnt mich erstechen. – Ach! Was Welt? Geht doch Alles zum Teufel, Mann und Weib.

⟨5⟩ DER HAUPTMANN. WOYZECK

Hauptmann auf einem Stuhl. Woyzeck rasiert ihn.
HAUPTMANN. Langsam, Woyzeck, langsam; eins nach dem andern; Er macht mir ganz schwindlig. Was soll ich dann mit den zehn Minuten anfangen, die Er heut zu früh fertig wird? Woyzeck, bedenk Er, Er hat noch seine schöne dreißig Jahr zu leben, dreißig Jahr! macht 360 Monate, und Tage, Stunden, Minuten! Was will Er denn mit der ungeheuren Zeit all anfangen? Teil Er sich ein, Woyzeck.
WOYZECK. Ja wohl, Herr Hauptmann.

HAUPTMANN. Es wird mir ganz angst um die Welt, wenn ich an die Ewigkeit denke. Beschäftigung, Woyzeck, Beschäftigung! Ewig das ist ewig, das ist ewig, das siehst du ein; nun ist es aber wieder nicht ewig und das ist ein Augenblick, ja, ein Augenblick. – Woyzeck, es schaudert mich, wenn ich denk, daß sich die Welt in einem Tag herumdreht, was'n Zeitverschwendung, wo soll das hinaus? Woyzeck, ich kann kein Mühlrad mehr sehn, oder ich werd melancholisch.

WOYZECK. Ja wohl, Herr Hauptmann.

HAUPTMANN. Woyzeck Er sieht immer so verhetzt aus. Ein guter Mensch tut das nicht, ein guter Mensch, der sein gutes Gewissen hat. – Red Er doch was Woyzeck. Was ist heut für Wetter?

WOYZECK. Schlimm, Herr Hauptmann, schlimm; Wind.

HAUPTMANN. Ich spür's schon, 's ist so was Geschwindes draußen; so ein Wind macht mir den Effekt wie eine Maus. *(Pfiffig.)* Ich glaub wir haben so was aus Süd-Nord.

WOYZECK. Ja wohl, Herr Hauptmann.

HAUPTMANN. Ha! ha! ha! Süd-Nord! Ha! Ha! Ha! O Er ist dumm, ganz abscheulich dumm. *(Gerührt.)* Woyzeck, Er ist ein guter Mensch, ein guter Mensch – aber *(mit Würde)* Woyzeck, Er hat keine Moral! Moral, das ist wenn man moralisch ist, versteht Er. Es ist ein gutes Wort. Er hat ein Kind, ohne den Segen der Kirche, wie unser hochehrwürdiger Herr Garnisonsprediger sagt, ohne den Segen der Kirche, es ist nicht von mir.

WOYZECK. Herr Hauptmann, der liebe Gott wird den armen Wurm nicht drum ansehn, ob das Amen drüber gesagt ist, eh er gemacht wurde. Der Herr sprach: Lasset die Kindlein zu mir kommen.

HAUPTMANN. Was sagt Er da! Was ist das für n'e kuriose Antwort? Er macht mich ganz konfus mit seiner Antwort. Wenn ich sag: Er, so mein ich Ihn, Ihn.

WOYZECK. Wir arme Leut. Sehn Sie, Herr Hauptmann, Geld, Geld. Wer kein Geld hat. Da setz eimal einer seinsgleichen auf die Moral in die Welt. Man hat auch sein Fleisch und Blut. Unseins ist doch eimal unselig in der und der andern Welt, ich glaub wenn wir in Himmel kämen, so müßten wir donnern helfen.

HAUPTMANN. Woyzeck, Er hat keine Tugend, Er ist kein tugendhafter Mensch. Fleisch und Blut? Wenn ich am Fenster lieg, wenn es geregnet hat, und den weißen Strümpfen so nachsehe, wie sie über die Gassen springen, – verdammt Woyzeck, – da kommt mir die Liebe! Ich hab auch Fleisch und Blut. Aber Woyzeck, die Tugend, die Tugend! Wie sollte ich dann die Zeit herumbringen? Ich sag mir immer, du bist ein tugendhafter Mensch, *(gerührt)* ein guter Mensch, ein guter Mensch.

WOYZECK. Ja Herr Hauptmann, die Tugend! ich hab's noch nicht so aus. Sehn Sie, wir gemeinen Leut, das hat keine Tugend, es kommt einem nur so die Natur, aber wenn ich ein Herr wär und hätt ein Hut und eine Uhr und eine Anglaise, und könnt vornehm reden, ich wollt schon tugendhaft sein. Es muß was Schönes sein um die Tugend, Herr Hauptmann. Aber ich bin ein armer Kerl.

HAUPTMANN. Gut Woyzeck. Du bist ein guter Mensch, ein guter Mensch. Aber du denkst zuviel, das zehrt, du siehst immer so verhetzt aus. Der Diskurs hat mich ganz angegriffen. Geh jetzt und renn nicht so; langsam, hübsch langsam die Straße hinunter.

⟨6⟩ KAMMER

Marie. Tambourmajor.

TAMBOURMAJOR. Marie!

MARIE *(ihn ansehend, mit Ausdruck).* Geh einmal vor dich hin. – Über die Brust wie ein Stier und ein Bart wie ein Löw. So ist keiner. – Ich bin stolz vor allen Weibern.

TAMBOURMAJOR. Wenn ich am Sonntag erst den großen Federbusch hab und die weiße Handschuh, Donnerwetter, Marie, der Prinz sagt immer: Mensch, Er ist ein Kerl.

MARIE *(spöttisch).* Ach was! *(Tritt vor ihn hin.)* Mann!

TAMBOURMAJOR. Und du bist auch ein Weibsbild, Sapperment, wir wollen eine Zucht von Tambourmajors anlegen. He? *(Er umfaßt sie.)*

MARIE *(verstimmt).* Laß mich!

TAMBOURMAJOR. Wild Tier.

MARIE *(heftig).* Rühr mich an!

TAMBOURMAJOR. Sieht dir der Teufel aus den Augen?

MARIE. Meintwegen. Es ist Alles eins.

⟨7⟩ AUF DER GASSE

Marie. Woyzeck.

WOYZECK *(sieht sie starr an, schüttelt den Kopf).* Hm! Ich seh nichts, ich seh nichts. O, man müßt's sehen: man müßt's greifen können mit Fäusten.

MARIE *(verschüchtert).* Was hast du Franz? Du bist hirnwütig, Franz.

WOYZECK. Eine Sünde so dick und so breit. Es stinkt, daß man die Engelchen zum Himmel hinaus räuchern könnt. Du hast ein rote Mund, Marie. Kein Blase drauf? Adie, Marie, du bist schön wie die Sünde. – Kann die Todsünde so schön sein?

MARIE. Franz, du redst im Fieber.

WOYZECK. Teufel! – Hat er da gestande, so, so?

MARIE. Dieweil der Tag lang und die Welt alt ist, könne viel Mensche an eim Platz stehn, einer nach dem andern.

WOYZECK. Ich hab ihn gesehn.

MARIE. Man kann viel sehn, wenn man zwei Augen hat und man nicht blind ist und die Sonn scheint.

WOYZECK. Wirst sehn.

MARIE *(keck).* Und wenn auch.

⟨8⟩ BEIM DOKTOR

Woyzeck. Der Doktor.
DOKTOR. Was erleb ich, Woyzeck? Ein Mann von Wort.
WOYZECK. Was denn Herr Doktor?
DOKTOR. Ich hab's gesehn Woyzeck; Er hat auf die Straß gepißt, an die Wand gepißt wie ein Hund. Und doch zwei Groschen täglich. Woyzeck das ist schlecht. Die Welt wird schlecht, sehr schlecht.
WOYZECK. Aber Herr Doktor, wenn einem die Natur kommt.
DOKTOR. Die Natur kommt, die Natur kommt! Die Natur! Hab ich nicht nachgewiesen, daß der musculus constrictor vesicae dem Willen unterworfen ist? Die Natur! Woyzeck, der Mensch ist frei, in dem Menschen verklärt sich die Individualität zur Freiheit. Den Harn nicht halten können! *(Schüttelt den Kopf, legt die Hände auf den Rücken und geht auf und ab.)* Hat Er schon seine Erbsen gegessen, Woyzeck? – Es gibt eine Revolution in der Wissenschaft, ich sprenge sie in die Luft. Harnstoff, 0,10, salzsaures Ammonium, Hyperoxydul.
Woyzeck muß Er nicht wieder pissen? Geh Er eimal hinein und probier Er's.
WOYZECK. Ich kann nit Herr Doktor.
DOKTOR *(mit Affekt).* Aber auf die Wand pissen! Ich hab's schriftlich, den Akkord in der Hand. Ich hab's gesehn, mit diesen Augen gesehn, ich streckte grade die Nase zum Fenster hinaus und ließ die Sonnestrahlen hinein fallen, um das Niesen zu beobachten. *(Tritt auf ihn los.)* Nein Woyzeck, ich ärgere mich nicht, Ärger ist ungesund, ist unwissenschaftlich. Ich bin ruhig, ganz ruhig, mein Puls hat seine gewöhnlichen 60 und ich sag's Ihm mit der größten Kaltblütigkeit! Behüte wer wird sich über einen Menschen ärgern, ein Menschen! Wenn es noch ein Proteus wäre, der einem krepiert! Aber Er hätte doch nicht an die Wand pissen sollen –
WOYZECK. Sehn Sie Herr Doktor, manchmal hat man so n'en Charakter, so n'e Struktur. – Aber mit der Natur ist's was and-

res, sehn Sie, mit der Natur, *(er kracht mit den Fingern)* das ist so was, wie soll ich doch sagen, zum Beispiel –

DOKTOR. Woyzeck, Er philosophiert wieder.

WOYZECK *(vertraulich)*. Herr Doktor habe Sie schon was von der doppelten Natur gesehn? Wenn die Sonn in Mittag steht und es ist als ging die Welt im Feuer auf, hat schon eine fürchterliche Stimme zu mir geredt!

DOKTOR. Woyzeck, Er hat eine aberratio.

WOYZECK *(legt den Finger an die Nase)*. Die Schwämme Herr Doktor. Da, da steckt's. Haben Sie schon gesehn in was für Figurn die Schwämme auf dem Boden wachsen? Wer das lesen könnt.

DOKTOR. Woyzeck Er hat die schönste aberratio mentalis partialis, zweite Spezies, sehr schön ausgeprägt. Woyzeck Er kriegt Zulage. Zweite Spezies, fixe Idee, mit allgemein vernünftigem Zustand, Er tut noch alles wie sonst, rasiert sein Hauptmann?

WOYZECK. Ja wohl.

DOKTOR. Ißt sei Erbse?

WOYZECK. Immer ordentlich Herr Doktor. Das Geld für die Menage kriegt die Frau.

DOKTOR. Tut sei Dienst?

WOYZECK. Ja wohl.

DOKTOR. Er ist ein interessanter Kasus, Subjekt Woyzeck Er kriegt Zulag. Halt Er sich brav. Zeig Er sei Puls! Ja.

⟨9⟩ STRASSE

Hauptmann. Doktor

HAUPTMANN. Herr Doktor, die Pferde machen mir ganz Angst; wenn ich denke, daß die armen Bestien zu Fuß gehn müssen. Rennen Sie nicht so. Rudern Sie mit Ihrem Stock nicht so in der Luft. Sie hetzen sich ja hinter dem Tod drein. Ein guter Mensch, der sein gutes Gewissen hat, geht nicht so schnell. Ein guter Mensch. *(Er erwischt den Doktor am Rock.)* Herr

Doktor erlaube Sie, daß ich ein Menschenleben rette. Sie schießen ...

Herr Doktor, ich bin so schwermütig, ich habe so was Schwärmrisches, ich muß immer weinen, wenn ich meinen Rock an der Wand hängen sehe, da hängt er.

DOKTOR. Hm, aufgedunsen, fett, dicker Hals, apoplektische Konstitution. Ja Herr Hauptmann, Sie können eine apoplexia cerebralis kriegen, Sie können sie aber vielleicht auch nur auf der einen Seite bekommen, und dann auf der einen gelähmt sein, oder aber Sie können im besten Fall geistig gelähmt werden und nur fort vegetiern, das sind so ohngefähr Ihre Aussichten auf die nächsten vier Wochen. Übrigens kann ich Sie versichern, daß Sie einen von den interessanten Fällen abgeben, und wenn Gott will, daß Ihre Zunge zum Teil gelähmt wird, so machen wir die unsterblichsten Experimente.

HAUPTMANN. Herr Doktor erschrecken Sie mich nicht, es sind schon Leute am Schreck gestorben, am bloßen hellen Schreck. – Ich sehe schon die Leute mit den Zitronen in den Händen, aber sie werden sagen, er war ein guter Mensch, ein guter Mensch – Teufel Sargnagel!

DOKTOR *(hält seinen Hut hin)*. Was ist das, Herr Hauptmann? Das ist Hohlkopf!

HAUPTMANN *(macht eine Falte in den Hut)*. Was ist das, Herr Doktor? Das ist Einfalt.

DOKTOR. Ich empfehle mich, geehrtester Herr Exerzierzagel.

HAUPTMANN. Gleichfalls, bester Herr Sargnagel.

Woyzeck kommt die Straße heruntergerannt.

HAUPTMANN. Ha Woyzeck, was hetzt Er sich so an mir vorbei? Bleib Er doch Woyzeck. Er läuft ja wie ein offnes Rasiermesser durch die Welt, man schneidt sich an Ihm, Er läuft, als hätt Er ein Regiment Kosack zu rasiern und würde gehenkt über dem letzten Haar nach einer Viertelstunde – aber, über die lange Bärte, was – wollt ich doch sagen? Woyzeck – die lange Bärte –

DOKTOR. Ein langer Bart unter dem Kinn, schon Plinius spricht davon, man muß es den Soldaten abgewöhnen, du, du
HAUPTMANN *(fährt fort).* Hä? über die lange Bärte? Wie is, Woyzeck, hat Er noch nicht ein Haar aus ein Bart in seiner Schüssel gefunden? He, Er versteht mich doch, ein Haar von einem Menschen, vom Bart eins Sapeur, eins Unteroffizier, eins – eins Tambourmajor? He Woyzeck? Aber Er hat eine brave Frau. Geht ihm nicht wie andern.
WOYZECK. Ja wohl! Was wollen Sie sage, Herr Hauptmann?
HAUPTMANN. Was der Kerl ein Gesicht macht! ... muß nun auch nicht in de Suppe, aber wenn Er sich eilt und um die Eck geht, so kann Er vielleicht noch auf Paar Lippen eins finde, ein Paar Lippen, Woyzeck, ich habe wieder die Liebe gefühlt, Woyzeck. Kerl, Er ist ja kreideweiß.
WOYZECK. Herr, Hauptmann, ich bin ein armer Teufel, – und hab sonst nichts – auf de Welt. Herr Hauptmann, wenn Sie Spaß mache –
HAUPTMANN. Spaß ich, daß dich Spaß, Kerl!
DOKTOR. Den Puls Woyzeck, den Puls, klein, hart, hüpfend, ungleich.
WOYZECK. Herr Hauptmann, die Erd ist hölleheiß, mir eiskalt, eiskalt, die Hölle ist kalt, wollen wir wetten. Unmöglich. Mensch! Mensch! unmöglich.
HAUPTMANN. Kerl, will Er erschoß, will ei paar Kugeln vor den Kopf haben? Er ersticht mich mit sei Auge, und ich mein es gut mit ihm, weil Er ein guter Mensch ist Woyzeck, ein guter Mensch.
DOKTOR. Gesichtsmuskeln starr, gespannt, zuweilen hüpfend, Haltung aufgerichtet, gespannt.
WOYZECK. Ich geh! Es ist viel möglich. Der Mensch! Es ist viel möglich. Wir habe schön Wetter Herr Hauptmann. Sehn Sie, so ein schön festen grauen Himmel, man könnte Lust bekomm, ein Klobe hineinzuschlage und sich daran zu hänge, nur wege des Gedankestrichels zwische ja und nein – ja und nein. Herr Hauptmann, ja und nein? Ist das Nein am Ja oder

das Ja am Nein Schuld? Ich will drüber nachdenke. *(Geht mit breiten Schritten ab, erst langsam, dann immer schneller.)*
DOKTOR *(schießt ihm nach).* Phänomen, Woyzeck, Zulag.
HAUPTMANN. Mir wird ganz schwindlig, von den Mensche, wie schnell, der lange Schlegel greift aus, es läuft der Schatten von einem Spinnbein, und der Kurze, das zuckelt. Der Lange ist der Blitz und der Kleine der Donner. Haha, hinterdrein. Das hab ich nicht gern! Ein guter Mensch ist dankbar und hat sei Leben lieb, ein guter Mensch hat keine Courage nicht! ein Hundsfott hat Courage! Ich bin bloß in Krieg gegangen, um mich in meiner Liebe zum Leben zu befestigen ... von da zur Courage; wie man zu so Gedanken kommt, grotesk! grotesk!

⟨10⟩ DIE WACHSTUBE

Woyzeck. Andres.
ANDRES *(singt).* Frau Wirtin hat 'ne brave Magd,
        Sie sitzt im Garten Tag und Nacht,
        Sie sitzt in ihrem Garten ...
WOYZECK. Andres!
ANDRES. Nu?
WOYZECK. Schön Wetter.
ANDRES. Sonntagsonnwetter, und Musik vor der Stadt. Vorhin sind die Weibsbilder hin, die Mensche dämpfe, das geht.
WOYZECK *(unruhig).* Tanz, Andres, sie tanze.
ANDRES. Im Rössel und in Sternen.
WOYZECK. Tanz, Tanz.
ANDRES. Meintwege.
        Sie sitzt in ihrem Garten
        Bis daß das Glöcklein zwölfe schlägt
        Und paßt auf die Solda-aten.
WOYZECK. Andres, ich hab kein Ruh.
ANDRES. Narr!

WOYZECK. Ich muß hinaus. Es dreht sich mir vor den Augen. Was sie heiße Händ habe. Verdammt Andres!
ANDRES. Was willst du?
WOYZECK. Ich muß fort.
ANDRES. Mit dem Mensch.
WOYZECK. Ich muß hinaus, 's ist so heiß da hie.

⟨11⟩ WIRTSHAUS

Die Fenster offen, Tanz. Bänke vor dem Haus. Burschen.
ERSTER HANDWERKSBURSCH.
Ich hab ein Hemdlein an,
Das ist nicht mein.
Meine Seele stinkt nach Brandewein. –
ZWEITER HANDWERKSBURSCH. Bruder, soll ich dir aus Freundschaft ein Loch in die Natur mache? Verdammt! Ich will ein Loch in die Natur machen. Ich bin auch ein Kerl, du weißt, ich will ihm alle Flöh am Leib tot schlage.
ERSTER HANDWERKSBURSCH. Meine Seele, mei Seele stinkt nach Brandewein. – Selbst das Geld geht in Verwesung über. Vergißmeinnicht! Wie ist diese Welt so schön. Bruder, ich muß ein Regenfaß voll greinen. Ich wollt unse Nasen wäre zwei Bouteille und wir könnte sie uns einander in de Hals gießen.
Woyzeck stellt sich ans Fenster. Marie und der Tambourmajor tanzen vorbei, ohne ihn zu bemerken.
DIE ANDERN
(im Chor): Ein Jäger aus der Pfalz,
Ritt einst durch einen grünen Wald,
Halli, halloh, gar lustig ist die Jägerei
Allhier auf grüner Heid,
Das Jagen ist mei Freud.
MARIE *(im Vorbeitanzen).* Immer, zu, immer zu. –
WOYZECK *(erstickt).* Immer zu – immer zu! *(Fährt heftig auf und sinkt zurück auf die Bank.)* Immer zu, immer zu. *(Schlägt die*

Hände ineinander.) Dreht euch, wälzt euch. Warum bläst Gott nicht die Sonn aus, daß Alles in Unzucht sich übernander wälzt, Mann und Weib, Mensch und Vieh. Tut's am hellen Tag, tut's einem auf den Händen, wie die Mücken. – Weib. – Das Weib ist heiß, heiß! – Immer zu, immer zu. *(Fährt auf.)* Der Kerl! Wie er an ihr herumtappt, an ihrn Leib, er, er hat sie ... – zu Anfang.

ERSTER HANDWERKSBURSCH *(predigt auf dem Tisch).* Jedoch wenn ein Wandrer, der gelehnt steht an den Strom der Zeit oder aber sich die göttliche Weisheit beantwortet und sich anredet: Warum ist der Mensch? Warum ist der Mensch? – Aber wahrlich ich sage euch, von was hätte der Landmann, der Weißbinder, der Schuster, der Arzt leben sollen, wenn Gott den Menschen nicht geschaffen hätte? Von was hätte der Schneider leben sollen, wenn er dem Menschen nicht die Empfindung der Scham eingepflanzt, von was der Soldat, wenn er ihn nicht mit dem Bedürfnis sich totzuschlagen ausgerüstet hätte. Darum zweifelt nicht, ja ja, es ist lieblich und fein, aber Alles Irdische ist eitel, selbst das Geld geht in Verwesung über. – Zum Beschluß, mei geliebte Zuhörer, laßt uns noch übers Kreuz pissen, damit ein Jud stirbt.

⟨12⟩ FREIES FELD

WOYZECK. Immer zu! immer zu! Still. Musik. – *(Reckt sich gegen den Boden.)* He was, was sagt ihr? Lauter, lauter, stich, stich die Zickwolfin tot? Stich, stich die Zickwolfin tot. Soll ich? Muß ich? Hör ich's da auch, sagt's der Wind auch? Hör ich's immer, immer zu, stich tot, tot.

⟨13⟩ NACHT

Andres und Woyzeck in einem Bett.
WOYZECK *(schüttelt Andres).* Andres! Andres! ich kann nit schlafe, wenn ich die Auge zumach, dreht sich's immer und ich hör die Geigen, immer zu, immer zu, und dann spricht's aus der Wand, hörst du nix?
ANDRES. Ja, – laß sie tanze! Gott behüt uns. Amen. *(Schläft wieder ein.)*
WOYZECK. Es zieht mir zwischen de Auge wie ein Messer.
ANDRES. Du mußt Schnaps trinke und Pulver drein, das schneidt das Fieber.

⟨14⟩ WIRTSHAUS

Tambourmajor. Woyzeck. Leute.
TAMBOURMAJOR. Ich bin ein Mann! *(schlägt sich auf die Brust)* ein Mann sag ich. Wer will was? Wer kein bsoffe Herrgott ist der laß sich von mir! Ich wollt ihm die Nas ins Arschloch prügeln. Ich will – *(zu Woyzeck)* da Kerl, sauf, der Mann muß saufen. Ich wollt die Welt wär Schnaps, Schnaps.
WOYZECK *(pfeift).*
TAMBOURMAJOR. Kerl, soll ich dir die Zung aus dem Hals ziehe und sie um den Leib herumwickle? *(Sie ringen, Woyzeck verliert.)* Soll ich dir noch soviel Atem lassen als ein Altweiberfurz, soll ich?
WOYZECK *(setzt sich erschöpft zitternd auf die Bank.)*
TAMBOURMAJOR. Der Kerl soll dunkelblau pfeifen. Ha.
Brandewein das ist mein Leben
Brandewein gibt Courage!
EINE. Der hat sei Fett.
ANDRE. Er blut.
WOYZECK. Eins nach dem andern.

⟨15⟩ WOYZECK. DER JUDE

WOYZECK. Das Pistolche is zu teuer.
JUD. Nu, kauft's oder kauft's nit, was is?
WOYZECK. Was kost das Messer?
JUD. 's ist ganz, grad. Wollt Ihr Euch den Hals mit abschneide? Nu, was is es? Ich geb's Euch so wohlfeil wie ein andern, Ihr sollt Euern Tod wohlfeil habe, aber doch nit umsonst. Was is es? Er soll en ökonomische Tod habe.
WOYZECK. Das kann mehr als Brot schneiden.
JUD. Zwe Grosche.
WOYZECK. Da! *(Geht ab.)*
JUD. Da! Als ob's nichts wär. Und es is doch Geld. Der Hund.

⟨16⟩ MARIE. DAS KIND. DER IDIOT

MARIE *(blättert in der Bibel).* »Und ist kein Betrug in seinem Munde erfunden ...« Herrgott, Herrgott! Sieh mich nicht an. *(Blättert weiter.)* »... aber die Pharisäer brachten ein Weib zu ihm, im Ehebruche begriffen und stelleten sie ins Mittel dar. – Jesus aber sprach: so verdamme ich dich auch nicht. Geh hin und sündige hinfort nicht mehr.« *(Schlägt die Hände zusammen.)* Herrgott! Herrgott! Ich kann nicht. Herrgott gib mir nur soviel, daß ich beten kann. *(Das Kind drängt sich an sie.)* Das Kind, gibt mir einen Stich ins Herz. Fort! Das brüht sich in der Sonne!
KARL *(liegt und erzählt sich Märchen an den Fingern).* Der hat die golden Kron, der Herr König. Morgen hol ich der Frau Königin ihr Kind. Blutwurst sagt: komm Leberwurst. *(Er nimmt das Kind und wird still.)*
MARIE. Der Franz ist nit gekomm, gestern nit, heut nit, es wird heiß hier. *(Sie macht das Fenster auf.)* »... Und trat hinein zu seinen Füßen und weinete und fing an seine Füße zu netzen mit Tränen und mit den Haaren ihres Hauptes zu trocknen

und küssete seine Füße und salbete sie mit Salben.« *(Schlägt sich auf die Brust.)* Alles tot! Heiland, Heiland ich möchte dir die Füße salben.

⟨17⟩ KASERNE

Andres. Woyzeck kramt in seinen Sachen.
WOYZECK. Das Kamisolche Andres, ist nit zur Montur, du kannst's brauche, Andres. Das Kreuz is mei Schwester und das Ringlein, ich hab auch noch ein Heiligen, zwei Herze und schön Gold, es lag in meiner Mutter Bibel, und da steht:
Leiden sei all mein Gewinst,
Leiden sei mein Gottesdienst,
Herr wie dein Leib war rot und wund,
So laß mein Herz sein aller Stund.
Mei Mutter fühlt nur noch, wenn ihr die Sonn auf die Händ scheint. Das tut nix.
ANDRES *(ganz starr, sagt zu Allem:)* Ja wohl.
WOYZECK *(zieht ein Papier heraus).* Friedrich Johann Franz Woyzeck, geschworner Füsilier im 2. Regiment, 2. Bataillon, 4. Kompagnie, geboren Mariä Verkündigung, ich bin heut, den 20. Juli, alt 30 Jahr, 7 Monat und 12 Tage.
ANDRES. Franz, du kommst ins Lazarett. Armer, du mußt Schnaps trinke und Pulver drei, das tödt das Fieber.
WOYZECK. Ja Andres, wann der Schreiner die Hobelspän sammelt, es weiß niemand, wer sein Kopf drauf lege wird.

⟨18⟩ DER HOF DES PROFESSORS

Studenten unten, der Professor am Dachfenster.
PROFESSOR. Meine Herrn, ich bin auf dem Dach, wie David, als er die Bathseba sah; aber ich sehe nichts als die culs de Paris der Mädchenpension im Garten trocknen. Meine Herrn wir

sind an der wichtigen Frage über das Verhältnis des Subjektes zum Objekt. Wenn wir nur eins von den Dingen nehmen, worin sich die organische Selbstaffirmation des Göttlichen, auf einem der hohen Standpunkte manifestiert, und ihre Verhältnisse zum Raum, zur Erde, zum Planetarischen untersuchen, meine Herrn, wenn ich diese Katze zum Fenster hinauswerf, wie wird diese Wesenheit sich zum centrum gravitationis und dem eignen Instinkt verhalten. He Woyzeck, *(brüllt)* Woyzeck!

WOYZECK. Herr Professor sie beißt.

PROFESSOR. Kerl, Er greift die Bestie so zärtlich an, als wär's sei Großmutter.

WOYZECK. Herr Doktor ich hab's Zittern.

DOKTOR *(ganz erfreut)*. Ei, Ei, schön Woyzeck. *(Reibt sich die Hände. Er nimmt die Katze.)* Was seh ich meine Herrn, die neue Spezies Hasenlaus, eine schöne Spezies, wesentlich verschieden, enfoncé, der Herr Doktor. *(Er zieht eine Lupe heraus.)* Rizinus, meine Herrn – *(Die Katze läuft fort.)* Meine Herrn, das Tier hat kein wissenschaftlichen Instinkt.

PROFESSOR. Rizinus, herauf, die schönsten Exemplare, bringen Sie Ihre Pelzkragen!

DOKTOR. Meine Herrn, Sie können dafür was andres sehen, sehn Sie der Mensch, seit einem Vierteljahr ißt er nichts als Erbsen, beachte Sie die Wirkung, fühle Sie einmal was ein ungleicher Puls, da, und die Augen.

WOYZECK. Herr Doktor es wird mir dunkel. *(Er setzt sich.)*

DOKTOR. Courage Woyzeck noch ein paar Tage, und dann ist's fertig, fühlen Sie, meine Herrn, fühlen Sie. *(Sie betasten ihm Schläfe, Puls und Busen.)*

à propos, Woyzeck, beweg den Herren doch eimal die Ohre, ich hab es Ihnen schon zeigen wollen. Zwei Muskeln sind bei ihm tätig. Allons frisch!

WOYZECK. Ach Herr Doktor!

DOKTOR. Bestie, soll ich dir die Ohre bewege, willst du's machen wie die Katze! So meine Herrn, das sind so Übergänge zum Esel, häufig auch in Folge weiblicher Erziehung, und die Muttersprache. Wieviel Haare hat dir dei Mutter zum Andenke schon ausgerissen aus Zärtlichkeit? Sie sind dir ja ganz dünn geworden, seit ein Paar Tagen, ja die Erbse, meine Herren.

⟨19⟩ MARIE MIT MÄDCHEN VOR DER HAUSTÜR

MÄDCHEN *(singen).* Wie scheint die Sonn Sankt Lichtmeßtag
Und steht das Korn im Blühn.
Sie ginge wohl die Straße hin,
Sie ginge zu zwei und zwein.
Die Pfeifer gingen vorn
Die Geiger hinter drein.
Sie hatte rote …
ERSTES KIND. 's ist nit schön.
ZWEITES KIND. Was wills du auch immer.
ERSTES KIND. Was hast zuerst angefange.
ZWEITES KIND. Ich kann nit.
ANDERES. Es muß sing.
KINDER. Marieche sing du uns.
MARIE. Kommt ihr klei Krabbe!
Ringle, ringel Rosekranz,
König Herodes.
…
ANDERE *(abwechseld dazwischen),* Warum? Darum! Aber warum darum?

Großmutter erzähl!
GROSSMUTTER. Es war eimal ein arm Kind und hat kein Vater und kei Mutter, war Alles tot und war Niemand mehr auf der Welt. Alles tot, und es ist hingangen und hat gern Tag und Nacht. Und wie auf der Erd Niemand mehr war, wollt's in Himmel gehn, und der Mond guckt es so freundlich an und wie's endlich zum Mond kam, war's ein Stück faul Holz und da ist es zur Sonn gangen und wie's zur Sonn kam, war's ein verwelkt Sonneblum und wie's zu den Sterne kam warn's klei

golde Mücke, die warn angesteckt wie der Neuntöter sie auf die Schlehe steckt, und wie's wieder auf die Erd wollt, war die Erd ein umgestürzter Hafen und war ganz allein und da hat sich's hingesetzt und gerrt und da sitzt es noch und ist ganz allein.

WOYZECK. Marie!
MARIE *(erschreckt)*. Was ist?
WOYZECK. Marie wir wolle gehn, 's ist Zeit.
MARIE. Wohinaus?
WOYZECK. Weiß ich's?

⟨20⟩ MARIE UND WOYZECK

MARIE. Also dort hinaus ist die Stadt, 's ist finster.
WOYZECK. Du sollst noch bleiben. Komm setz dich.
MARIE. Aber ich muß fort.
WOYZECK. Du würdst dir die Füße nicht wund laufen.
MARIE. Wie bist du denn auch!
WOYZECK. Weißt du auch wie lang es jetzt ist Marie?
MARIE. Um Pfingsten zwei Jahr.
WOYZECK. Weißt du auch wie lang es noch sein wird?
MARIE. Ich muß fort, der Nachttau fällt.
WOYZECK. Friert's dich, Marie, und doch bist du warm. Was du heiße Lippen hast! – heiß, heißn Hurenatem und doch möcht ich den Himmel gebe sie noch eimal zu küsse – und wenn man kalt ist, so friert man nicht mehr. Du wirst vom Morgentau nicht friern.
MARIE. Was sagst du?
WOYZECK. Nix.
(Schweigen.)
MARIE. Was der Mond rot aufgeht.
WOYZECK. Wie ein blutig Eisen.
MARIE. Was hast du vor? Franz, du bist so blaß. Franz halt. Um des Himmels willen, Hü- Hülfe!

WOYZECK. Nimm das, und das! Kannst du nicht sterbe? So! so! Ha sie zuckt noch, noch nicht noch nicht? Immer noch? *(Stößt zu.)* Bist du tot? Tot! Tot! *(Es kommen Leute, läuft weg.)*

⟨21⟩ ES KOMMEN LEUTE

ERSTE PERSON. Halt!
ZWEITE PERSON. Hörst du? Still! Dort!
ERSTE PERSON. Uu! Da! Was ein Ton.
ZWEITE PERSON. Es ist das Wasser, es ruft, schon lang ist Niemand ertrunken. Fort, 's ist nicht gut, es zu hören.
ERSTE PERSON. Uu, jetzt wieder. Wie ein Mensch der stirbt.
ZWEITE PERSON. Es ist unheimlich, so duftig – halb Nebel, grau, und das Summen der Käfer, wie gesprungne Glocke. Fort!
ERSTE PERSON. Nein, zu deutlich, zu laut. Da hinauf. Komm mit.

⟨22⟩ DAS WIRTSHAUS

WOYZECK. Tanzt alle, immer zu, schwitzt und stinkt, er holt euch doch eimal Alle.
(Singt.)   Frau Wirtin hat 'ne brave Magd.
           Sie sitzt im Garten Tag und Nacht,
           Sie sitzt in ihrem Garten
           Bis daß das Glöcklein zwölfe schlägt
           Und paßt auf die Soldate.
(Er tanzt.) So Käthe! setz dich! Ich hab heiß! heiß, *(er zieht den Rock aus)* es ist eimal so, der Teufel holt die eine und läßt die andre laufen. Käthe du bist heiß! Warum denn Käthe? Du wirst auch noch kalt werden. Sei vernünftig. Kannst du nicht singe?
KÄTHE.   Ins Schwabeland, das mag ich nicht,
           Und lange Kleider trag ich nicht,

> Denn lange Kleider, spitze Schuh,
> Die kommen keiner Dienstmagd zu.

WOYZECK. Nein, kei Schuh, man kann auch ohne Schuh in die Höll gehn.

KÄTHE. O pfui mein Schatz, das war nicht fein.
> Behalt dei Taler und schlaf allein.

WOYZECK. Ja wahrhaftig, ich möchte mich nicht blutig mache.

KÄTHE. Aber was hast du an dei Hand?

WOYZECK. Ich? Ich?

KÄTHE. Rot! Blut. *(Es stellen sich Leute um sie.)*

WOYZECK. Blut? Blut?

WIRT. Uu Blut.

WOYZECK. Ich glaub ich hab mich geschnitte, da an die rechte Hand.

WIRT. Wie kommt's aber an de Ellenbog?

WOYZECK. Ich hab's abgewischt.

WIRT. Was, mit der rechten Hand an de rechte Ellboge? Ihr seid geschickt.

NARR. Und da hat de Ries gesagt: ich riech, ich riech, ich riech Menschefleisch. Puh! Der stinkt schon.

WOYZECK. Teufel, was wollt Ihr? Was geht's Euch an? Platz! oder de erste – Teufel! Meint Ihr ich hätt jemand umgebracht? Bin ich Mörder? Was gafft Ihr! Guckt Euch selbst an! Platz da. *(Er läuft hinaus.)*

⟨23⟩ WOYZECK ALLEIN

WOYZECK. Das Messer? Wo ist das Messer? Ich hab es da gelasse. Es verrät mich! Näher, noch näher! Was ist das für ein Platz? Was höre ich? Es rührt sich was. Still. Da in der Nähe. Marie? Ha Marie! Still. Alles still! Da liegt was! kalt, naß, stille. Weg von dem Platz. Das Messer, das Messer, hab ich's? So! Leute. – Dort. *(Er läuft weg.)*

⟨24⟩ WOYZECK AN EINEM TEICH

WOYZECK. So, da hinunter! *(Er wirft das Messer hinein.)* Es taucht in das dunkle Wasser, wie Stein! Der Mond ist wie ein blutig Eisen! Will denn die ganze Welt es ausplaudern? Nein es liegt zu weit vorn, wenn sie sich bade, *(er geht in den Teich und wirft weit)* so jetzt, aber im Sommer, wenn sie tauchen nach Muscheln, bah, es wird rostig! Wer kann's erkennen. Hätt' ich es zerbroche! Bin ich noch blutig? Ich muß mich wasche. Da ein Fleck und da noch einer.

⟨25⟩ KINDER

ERSTES KIND. Fort. Mariechen!
ZWEITES KIND. Was is?
ERSTES KIND. Weißt du's nit? Sie sind schon alle hinaus. Drauß liegt eine?
ZWEITES KIND. Wo?
ERSTES KIND. Links über die Lochschanz in die Wäldche, am roten Kreuz.
ZWEITES KIND. Fort, daß wir noch was sehen. Sie trage sonst hinein.

⟨26⟩ GERICHTSDIENER. ARZT. WOYZECK

GERICHTSDIENER. Ein guter Mord, ein ächter Mord, ein schöner Mord, so schön als man ihn nur verlangen tun kann, wir haben schon lange so kein gehabt.

⟨27⟩ DER IDIOT. DAS KIND. WOYZECK

KARL *(hält das Kind vor sich auf dem Schoß).* Der ist ins Wasser gefallen, der is ins Wasser gefalle, nein, der is ins Wasser gefalle.
WOYZECK. Bub, Christian.
KARL *(sieht ihn starr an).* Der is ins Wasser gefalle.
WOYZECK *(will das Kind liebkosen, es wendet sich weg und schreit).* Herrgott!
KARL. Der is ins Wasser gefalle.
WOYZECK. Christianche, du bekommst en Reuter, sa, sa. *(Das Kind wehrt sich. Zu Karl.)* Da kauf dem Bub en Reuter.
KARL *(sieht ihn starr an).*
WOYZECK. Hop! hop! Roß.
KARL *(jauchzend).* Hop. hop! Roß! Roß, *(Läuft mit dem Kind weg.)*

ANHANG

Editorische Notiz

Der Lesefassung des ›Woyzeck‹ liegt folgende Ausgabe zugrunde:
Georg Büchner, Werke und Briefe in einem Band. Nach der historisch-kritischen Ausgabe von Werner R. Lehmann. Kommentiert von Karl Pörnbacher, Gerhard Schaub, Hans-Joachim Simm, Edda Ziegler. Nachwort von Werner R. Lehmann © 1980 Carl Hanser Verlag, München

Textgrundlage des ›Lenz‹ und der Entstehungsstufen des ›Woyzeck‹ ist die historisch-kritische Edition, die Werner R. Lehmann herausgegeben hat:
Georg Büchner: Sämtliche Werke und Briefe. Historisch-kritische Ausgabe. Herausgegeben von Werner R. Lehmann. Erster Band: Dichtungen und Übersetzungen. Mit Dokumentationen zur Stoffgeschichte. Hamburg 1967.

Als Leittext für die Textkonstitution des ›Lenz‹ legt Lehmann hier den von Karl Gutzkow herausgegebenen Erstdruck aus dem Jahr 1839 zugrunde (Lenz. Eine Reliquie von Georg Büchner. In: Telegraph für Deutschland 1839, Januar, Nr. 5, 7–11, 13f.). Hervorhebungen, die in der Vorlage durch Sperrung vorgenommen wurden, sind in der vorliegenden Ausgabe kursiv gesetzt. Die in Spitzklammern stehenden Passagen sind entweder nicht zu entziffern (⟨unleserlich⟩), oder sie stellen editionsphilologische Ergänzungen des Herausgebers auf der Grundlage des ›Lenz‹ in den 1850 von Ludwig Büchner herausgegebenen Nachgelassenen Schriften dar.

Die Lese- und Bühnenfassung des ›Woyzeck‹ ist ein Konstrukt, das Lehmann auf der Basis der vorläufigen Reinschrift, also der letzten Entwurfsstufe von Büchners Text erstellt hat. Sie »dient ästhetischen Zwecken« (s.u., S. 60), d.h. der Herausgeber nimmt eine Kontamination unterschiedlicher Textzeugen in Kauf, indem er die vorangehenden Entstehungsstufen einarbeitet. Kriterium hierfür ist die »Koordination der Wortmotive« (ibid.), die das Drama der offenen Form kennzeichnet.

Für detaillierte Informationen über Ausmaß und Kriterien der Herausgebertätigkeit: Werner Lehmann: Textkritische Noten. Prolegomena zur Hamburger Büchner-Ausgabe. Hamburg 1967.

Daten zu Leben und Werk

1813
Karl Georg Büchner wird am 17. Oktober als ältestes von sechs Kindern des Arztes Ernst Karl Büchner und dessen Frau Caroline, geborene Reuß, in Goddelau geboren.

1816
Die Familie siedelt aufgrund einer Versetzung des Vaters nach Darmstadt über.

1821–1831
Büchner erhält Privatunterricht bei seiner Mutter und auf einer Privatschule. 1825 wechselt er auf das Großherzogliche Ludwig-Georg-Gymnasium in Darmstadt. 1830 hält Büchner bei einer Schulfeier die Rede zur Verteidigung des Cato von Utica, in der sich seine Verinnerlichung der Freiheitsideale der Klassiker zeigt. Schon in der Schulzeit beschäftigt sich Büchner eingehend mit den Ideen der Französischen Revolution.

1831
Im November nimmt Büchner das Medizinstudium an der Straßburger Universität auf. Er wohnt bei dem Pfarrer Johann Jakob Jaeglé.

1832
Büchner verlobt sich mit Pfarrer Jaeglés Tochter Wilhelmine (»Minna«), heimlich, um den Vater nicht zu verärgern. Im Sommer Aufenthalt in Darmstadt.

1833
Büchner beschäftigt sich neben dem Studium ausführlich mit den politischen Verhältnissen in Deutschland. Am 3. April findet der Frankfurter Wachensturm statt. Trotz prinzipieller Be-

fürwortung der Idee der Revolution lehnt Büchner den Versuch wegen des zu frühen Zeitpunkts und der mangelhaften Durchführung ab. In einem Brief an die Eltern schreibt er, er würde sich nicht auf »revolutionäre Kinderstreiche« einlassen, bejaht aber gewaltsame Maßnahmen zur Lösung der sozialen und politischen Probleme in Deutschland. Im August kehrt Büchner nach Darmstadt zurück, Ende Oktober wechselt er an die Universität Gießen, da er dort sein Studium gemäß hessischen Gesetzen abschließen muss. In Gießen ist gerade die hessische Deputiertenkammer aufgelöst worden, die sich gegen verfassungswidrige Vorhaben der Darmstädter Regierung gestellt hatte. Büchner ist nach dem offeneren Klima in Straßburg von den politischen Gegebenheiten in Hessen erschüttert. Die Einschränkung bürgerlicher Freiheitsrechte, Inhaftierung politischer Gegner, die soziale Ungleichheit usf. machen ihn »rasend«. Im November erkrankt er an einer Hirnhautentzündung, unterbricht das Studium kurzfristig und geht nach Darmstadt. Er setzt sich im Winter intensiv mit der Französischen Revolution auseinander.

1834
Mit Jahresbeginn nimmt Büchner das Studium in Gießen wieder auf. Wahrscheinlich im Januar schreibt er wohl unter den Eindrücken des Studiums der Revolutionsgeschichte den »Fatalismus-Brief« an Minna, in dem er die Machtlosigkeit des Menschen gegenüber dem Verlauf der Geschichte formuliert. Er lernt Ludwig Weidig kennen, der in der Opposition tätig ist und die Untergrundzeitschrift *Leuchter und Beleuchter für Hessen* herausbringt. Büchner beginnt, sich politisch zu engagieren. Er entwirft die Flugschrift *Der Hessische Landbote* (mit dem Motto »Friede den Hütten, Krieg den Palästen«), die von Weidig, ohne Büchners Zustimmung, stark überarbeitet wird: Büchner versucht, die unteren Volksschichten zu erreichen, in die er seine Hoffnungen setzt. Die bürgerlich-liberale Klasse verachtet er als stagnierend. Weidig hingegen möchte das oppositionelle

Bürgertum ansprechen, weshalb er Kritik am liberalen Bürgertum tilgt. Im März bis Mai besucht Büchner Minna in Straßburg und gründet gemeinsam mit August Becker in Gießen und Darmstadt Sektionen der »Gesellschaft der Menschenrechte« nach dem Vorbild der französischen »Société des droits de l'homme et du citoyen«. Am 3. Juli nimmt er an der Gründungsversammlung eines Pressvereins teil. Am 1. August wird der Student Karl Minnigerode nach einer Denunziation beim Versuch, den *Hessischen Landboten* zu verteilen, verhaftet. Büchner warnt die anderen Beteiligten in Butzbach und Offenbach. Im September geht er zurück nach Darmstadt. Er beteiligt sich an Aktionen des Pressvereins, ein Befreiungsversuch Minnigerodes schlägt aber fehl. Im November wird der *Hessische Landbote* nochmals bearbeitet neu aufgelegt. Auch die zweite Auflage erscheint gegen Büchners Willen.

1835

In Darmstadt beginnt Büchner im Januar mit der Abfassung von *Dantons Tod*. Als er im Februar vermutlich eine Vorladung vom Darmstädter Untersuchungsrichter erhält, flieht er im März nach Straßburg. Ein Vorabdruck von *Dantons Tod* erscheint in der Zeitschrift *Phönix*. Im April kommt es in Hessen zu einer Reihe von Verhaftungen, nachdem der Student Gustav Clemm ein Geständnis abgelegt hat. Vermutlich im Mai fasst Büchner den Plan zu einer Novelle über die Leiden des Schriftstellers Jakob Michael Reinhold Lenz. Ab Juni wird er infolge seiner politischen Aktivitäten wegen »Teilnahme an staatsverräterischen Handlungen« steckbrieflich gesucht. Der Steckbrief erscheint in Darmstädter und Frankfurter Zeitungen. Am 11. Juli erscheint *Dantons Tod*, im Oktober seine Übersetzungen von Victor Hugos *Lucretia Borgia* und *Maria Tudor*.

1836

Büchner verfasst das Lustspiel *Leonce und Lena*, das er bei einem Wettbewerb des Cotta-Verlages einreichen will. Er wird im September in Zürich mit einer Dissertation *Sur le système nerveux du barbeau* (Über das Nervensystem der Barben) promoviert. Es schließen sich Arbeiten an *Woyzeck* und einer zweiten Fassung von *Leonce und Lena* an. Im Oktober zieht er nach Zürich, wo er im November, nach der Probevorlesung »Über Schädelnerven«, an der Philosophischen Fakultät eine Stellung als Privatdozent für vergleichende Anatomie erhält. Er bekommt eine vorübergehende Aufenthaltsgenehmigung als Asylant.

1837
Im Januar kündigt Büchner in einem Brief an Minna Jaeglé das zeitnahe Erscheinen dreier Dramen an. Anfang Februar erkrankt er schwer an Typhus; am 19. Februar stirbt er. Von Büchners Schriften sind zu Lebzeiten nur der *Hessische Landbote*, *Dantons Tod* und seine Übersetzungen Hugos erschienen, in der Folgezeit werden jedoch noch einige Werke postum veröffentlicht: 1838 erscheint *Leonce und Lena*, 1839 *Lenz*. 1850 gibt Georgs Bruder Ludwig die *Nachgelassenen Schriften* Georgs heraus, wobei z.B. *Woyzeck* nicht unterkommt und Ludwig auch sonst in das Material eingreift. Im November 1875 lässt Karl Emil Franzos einen Teil des Fragments *Woyzeck* abdrucken, 1878 erscheint das ganze Fragment.

Aus Kindlers Literatur Lexikon: Georg Büchner, ›Lenz‹

Die möglicherweise unvollendete, 1839 auf der Grundlage einer verschollenen Abschrift von Büchners Braut Wilhelmine Jaeglé durch Karl Gutzkow veröffentlichte Erzählung ist der einzige überlieferte narrative Text des Verfassers. In *Lenz* entwickelt Georg Büchner Grundzüge seiner antiklassizistischen Ästhetik und setzt Maßstäbe für ein modernes psychologisches Erzählen.

Die Hauptquelle für den auf historischen Tatsachen beruhenden Prosatext über den Sturm-und-Drang-Dichter Jakob Michael Reinhold Lenz ist ein Bericht des philanthropischen Pfarrers Johann Friedrich Oberlin. Der Sozialreformer und engagierte Pädagoge aus Waldersbach im elsässischen Steintal hatte den von psychotischen Schüben heimgesuchten Dichter für 20 Tage, vom 20. Januar bis 8. Februar 1778, bei sich aufgenommen, ihn schließlich jedoch aufgrund seines sich dramatisch verschlechternden Gesundheitszustandes nach Straßburg zurückbringen lassen.

Büchner erhielt Oberlins nachträgliches Protokoll des Aufenthalts, das den Charakter einer Selbstrechtfertigung trägt, in Straßburg von August Stöber, dem Sohn des Nachlassverwalters. Neben dieser historischen Quelle bezieht er sich ausgiebig auf verschiedene literarische Prätexte, insbesondere auf Goethes distanziert-gönnerhaftes Lenz-Porträt in *Dichtung und Wahrheit*, das Büchner unter Rekurs auf die von Goethe Jahrzehnte früher im *Werther* selbst entwickelten subjektivistischen Erzählverfahren empathisch korrigiert.

Die 30 Druckseiten umfassende Erzählung schildert die für den weiteren tragischen Werdegang des historischen Lenz entscheidende Elsass-Episode. Zumeist in personaler Perspektive und mit avancierten narrativen Verfahren wie der erlebten Rede zeichnet Büchner in chronologischer Reihenfolge die kurze Zeitspanne zwischen der Ankunft des emotional aufs Äußerste gespannten Lenz und dem Abtransport des Umnachteten nach und sucht erzählerisch nach möglichen Schaltstellen der Entwicklung.

Die Novelle setzt mit dem einsam »durchs Gebirg« streifenden Lenz ein, dessen innere Unruhe, Verwirrung und psychische Gefährdung sich in den beinahe expressionistischen Naturbildern widerspiegeln. Virtuos verwandelt sich Büchner die unstete Innenwelt des Kranken an und bringt dessen hektische Wahrnehmungen, die bald bedrohlich, alle Sinne betäubend dahinjagen, dann in apathischer Leere stagnieren oder in Angstschüben ausbrechen, zur Darstellung. Lenz' Getriebensein gewinnt hier unmittelbare sprachliche Gestalt in komplexen, sich rauschhaft steigernden Hypotaxen und elliptischen, verblosen Hauptsätzen.

Erst in »Waldbach« (wie Waldersbach in der Erzählung heißt) bei Oberlin erfährt Lenz eine freilich immer wieder von Suizidversuchen und nächtlichen Panikanfällen unterbrochene Beruhigung. Er besinnt sich auf den christlichen Glauben und hält eine sonntägliche Predigt. Dann jedoch bricht mit dem Sturm-und-Drang-Genie Christoph Kaufmann die Welt, vor der er geflohen ist, in das elsässische Refugium ein: Zwar kann sich Lenz im sogenannten Kunstgespräch, in dem er gegen einen schwärmerischen, dem Geniekult huldigenden ›Idealismus‹ und für einen ›Realismus‹, d.h. für eine der sozialen Wirklichkeit zugewandte Kunst plädiert, noch einmal eloquent und auf der Höhe seiner geistigen Kraft als Dichter und Verfasser der Dramen *Der Hofmeister* und *Die Soldaten* präsentieren, doch Kaufmanns Mahnung zur Rückkehr ins väterliche Haus bewirkt eine Verstimmung und in der Folge eine Zuspitzung seiner Krankheit.

Nachdem ihm der Versuch der Auferweckung eines toten Mädchens misslungen ist, fühlt Lenz eine tiefe Entfremdung vom Glauben und lässt sich zu atheistischer Gotteslästerung hinreißen. Jeglichen psychischen Haltes beraubt, spitzt sich sein Wahnsinn zu, wie im Fieber ruft er nach seiner Geliebten. Oberlin, zurückgekehrt von seiner mit Kaufmann unternommenen

Schweiz-Reise, weiß keinen anderen Rat, als den schizophrenen Dichter, der sich fühlt »als sei er doppelt«, nach Straßburg abtransportieren zu lassen, was Lenz teilnahmslos geschehen lässt: »Er fühlte keine Angst mehr, kein Verlangen; sein Dasein war ihm eine notwendige Last. – So lebte er hin.«

Während das soziale Drama *Woyzeck* den Untergang eines ›underdog‹ thematisiert, zeichnet die Erzählung *Lenz* das Zerbrechen eines Genies nach. Gemeinsam ist diesen beiden fiktionalisierten Einzelschicksalen, dass ihr Scheitern letztlich das Scheitern einer Gesellschaft ist, deren zur zweiten Natur gewordene Strukturen den einen zum Mord, den anderen in den Wahnsinn treiben. Diese Diagnose Büchners hat ihre Brisanz bis heute nicht eingebüßt.

Tanja van Hoorn

Aus: Kindlers Literatur Lexikon. 3., völlig neu bearbeitete Auflage. Herausgegeben von Heinz Ludwig Arnold (ISBN 978-3-476-04000-8). – © der deutschsprachigen Originalausgabe 2009 J. B. Metzler'sche Verlagsbuchhandlung und Carl Ernst Poeschel Verlag, Stuttgart (in Lizenz der Kindler Verlag GmbH).

Aus Kindlers Literatur Lexikon:
Georg Büchner, ›Woyzeck‹

Das unvollendete, erstmals 1875 in Auszügen in der Wiener *Neuen Freien Presse* und 1878 in der deutschen Wochenschrift *Mehr Licht!* von K. E. Franzos publizierte, 1913 in München uraufgeführte Stück markiert in der Geschichte der deutschsprachigen Dramatik in inhaltlicher, formaler und sprachlicher Hinsicht einen epochalen Neubeginn. Es ist lediglich als ein titelloses Konvolut überliefert, das aus vier in der Zuordnung umstrittenen, unterschiedlich umfangreichen Entwürfen besteht. Die Handschriften tragen nur zum Teil den Charakter fortschreitender Überarbeitung und enthalten daneben auch nicht integrierte Einzelszenen.

Das Drama knüpft – das lässt selbst der Torso erkennen – an die Szenentechnik des Sturm-und-Drang-Theaters an. Unter Nichtbeachtung der Ständeklausel wird in offener Form und loser Szenenfolge nicht das tragische Schicksal einer hohen Standesperson, sondern der unaufhaltsame Untergang eines von vorneherein chancenlosen ›underdog‹ nachgezeichnet: Die Tragödie *Woyzeck* ist ein soziales Drama.

Wie bei seinen anderen literarischen Arbeiten greift Büchner auch für dieses Stück auf konkrete historische und literarische Quellen zurück. Im Zentrum steht der historische Fall des arbeitslosen Perückenmachers Johann Christian Woyzeck, der seine Geliebte aus Eifersucht erstach und, nachdem der Gerichtsmediziner Johann Christian August Clarus seine Zurechnungsfähigkeit bestätigt und lediglich moralische Verwahrlosung diagnostiziert hatte, am 27. August 1824 in Leipzig hingerichtet wurde. Büchner verändert und verfremdet diesen Kasus, amalgamiert ihn mit ähnlich gelagerten Fällen und stellt im Gegensatz zu Clarus und unter Rückgriff auf dessen Gutachten die Verantwortlichkeit des Täters für seine Tat in Frage.

Aus dem arbeitslosen 41-Jährigen wird (wohl in Anknüpfung

an Lenz' Drama *Die Soldaten*) der einfache 30-jährige Soldat Franz Woyzeck, der in ein Netz entwürdigender, ausbeuterischer Arbeitsverhältnisse verstrickt ist. Mit unterschiedlichen Nebentätigkeiten – so stellt er sich für absurde ernährungsphysiologische Versuche zur Verfügung, die seiner ohnehin angegriffenen physischen und psychischen Konstitution weiter zusetzen – bessert er seinen kargen Sold auf, um seine Freundin Marie und das gemeinsame uneheliche Kind unterstützen zu können. Als sich Marie dem sozial und finanziell besser gestellten Tambourmajor zuwendet, ist Woyzecks Leben das Fundament entzogen: Von Stimmen getrieben, bringt er sie um.

In knappen, eindringlichen Szenen gewährt Büchner spotlichtartige Einblicke in die Lebenswirklichkeit, das Umfeld und das Alltagserleben Woyzecks und erstellt auf diese Weise indirekt ein Psychogramm der Hauptfigur. So zeigt er den Protagonisten in der Szene »Freies Feld«, die in den meisten Lese- und Bühnenfassungen an den Anfang des Stückes gestellt wird, beim Schneiden von Stöcken. Während Woyzeck von Verfolgungswahn und Todesphantasien geplagt wird und in Halbsätzen wie wahnsinnig spricht, singt sein Kollege Andres, vermutlich um der Unheimlichkeit von Woyzecks Reden etwas Vertrautes entgegenzusetzen, harmlose Volkslieder – ein dramatisches Kontrastverfahren, auf das Büchner auch in anderen Szenen des Stückes zurückgreift.

Wirkt Woyzeck in dieser ersten Szene innerlich gehetzt und von Realitätsverlust bedroht, so tritt er seinem Hauptmann während der morgendlichen Rasur als devoter, aber vernünftiger Gesprächspartner gegenüber. Auf die Vorhaltung, er habe keine Moral, antwortet Woyzeck mit dem Hinweis auf die ökonomischen Voraussetzungen tugendhaften Verhaltens: »Wer kein Geld hat«, so seine Replik, dem komme eben »nur so die Natur«. Auf diese Weise desavouiert er den Mythos von der Freiheit des menschlichen Willens als eine Ideologie der Reichen und bindet die Befähigung eines Menschen zur Triebkontrolle im Gegenteil an das Erreichen eines minimalen sozialen Standards.

Wenn Woyzeck am Ende in einer offensichtlichen psychischen Ausnahmesituation seine untreue Geliebte ermordet, scheint er seine eigene fatalistische Diagnose des blinden Getriebenseins der Besitzlosen zu bestätigen. Die Frage der Schuldfähigkeit jedenfalls wirft sein Schicksal in einer bis heute ungebrochenen Suggestivität und Eindinglichkeit auf.

Büchners *Woyzeck* ist eines der meistgelesenen und -gespielten Dramen der Weltliteratur. Wie kein anderes Werk des 19. Jh.s hat es nachfolgende Dichtergenerationen beeinflusst: Frank Wedekinds *Frühlingserwachen* ist ohne Büchners Drama kaum denkbar. Alban Berg hat es in seiner *Wozzeck*-Oper vertont.

Tanja van Hoorn

Aus: Kindlers Literatur Lexikon. 3., völlig neu bearbeitete Auflage. Herausgegeben von Heinz Ludwig Arnold (ISBN 978-3-476-04000-8). – © der deutschsprachigen Originalausgabe 2009 J. B. Metzler'sche Verlagsbuchhandlung und Carl Ernst Poeschel Verlag, Stuttgart (in Lizenz der Kindler Verlag GmbH).